非常狠心 非常爱

犹太父母培养世界富豪的家教智慧

尹莎◎编著

海天出版社（中国·深圳）

图书在版编目（CIP）数据

非常狠心非常爱：犹太父母培养世界富豪的家教智慧 / 尹莎编著 . —深圳：海天出版社，2015.4
ISBN 978-7-5507-1241-6

Ⅰ．①非… Ⅱ．①尹… Ⅲ．①犹太人—家庭教育
Ⅳ．① G78

中国版本图书馆 CIP 数据核字（2014）第 288601 号

非常狠心非常爱： 犹太父母培养世界富豪的家教智慧
FEICHANG HENXIN FEICHANG AI : YOUTAI FUMU PEIYANG SHIJIE FUHAO DE JIAJIAO ZHIHUI

出 品 人	陈新亮
责任编辑	张绪华
责任技编	梁立新
封面设计	元明·设计

出版发行	海天出版社
地　　址	深圳市彩田南路海天综合大厦（518033）
网　　址	www.htph.com.cn
订购电话	0755-83460202（批发）　0755-83460239（邮购）
设计制作	深圳市斯迈德设计企划有限公司（0755-83144228）
印　　刷	深圳市希望印务有限公司
开　　本	787mm×1092mm　1/16
印　　张	15.5
字　　数	232 千
版　　次	2015 年 4 月第 1 版
印　　次	2015 年 4 月第 1 次
定　　价	39.00 元

前　言

　　"没有犹太人，世界的历史将会重写。"在西方学界有一个重要的概念——"犹太创造现象"。犹太民族是世界上最聪明、最神秘、最富有的民族之一。他们是世界上的少数人，却拥有着世界上庞大的资产；他们遭受了千年的凌辱，备受打击，四处流浪，却有惊人的成就。

　　无论在全球金融界、商界还是科学界，犹太人拥有的财富比重始终独占鳌头。犹太人中有像爱因斯坦、奥本海默、普利策、摩根等巨子屹立于世界名人之林，还有"世界的钱装在美国人的口袋里，而美国人的钱却装在犹太人的口袋里"这样的赞誉。

　　目前，散布世界的犹太人口总共只有1600万，比我国台湾省的人口还要少，然而，他们历年来荣获国际公认最具权威的诺贝尔奖，却占全部得奖人数的32%，为全球各民族之冠。目前犹太人移居美国的人口约有680万，仅占全美国总人口的3.2%，然而在美国大学攻读博士的犹太人，目前竟然占全部博士班学生总人数的29%；美国著名的大学中，犹太籍的教授竟然占了30%~50%。这种杰出的表现，着实令人惊讶！

　　犹太人构成了"犹太文化之谜"，那就是，弱小的犹太民族科学文化怎么这么发达？"犹太文化之谜"的一个重要谜底，就是教育。犹太这一智慧的民族，其根本的智慧在于尊崇教育。有资料显示，世界上任何角落，只要有犹太人的地方，他们的受教育程度总是最高的。

　　根植于这个民族灵魂深处的教育价值观，是他们获得成功的主要源泉之一。从核心层面来看，教育与学习成了精神信仰的一部分，成为民族精神的一部分。在犹太人心目中，勤学是仅次于敬奉上帝的一种美德，"教师比国王更伟大"，学习与钻研是一种神圣的使命。犹太民族素有"嗜书的民族"之称，教育乃维系犹太民族生存和发展的纽带。"只要学校在，犹太民族就在"，"没有教育就没有未来"。当代犹太政治家们更是提出了"对教育的投资是有远见的投资"、"教育上的投资就是经济上的投资"的理念。几千年的犹太民族史、几十年的以色列国家史，就是一部不断追求民族素质的历史和把教育摆在头等重要地位的历史。

犹太民族历经坎坷、四处流散，为了不被吞没，他们往往聚敛巨大的物质财富，掌握他们居住国的经济命脉。但是，富可敌国的犹太人永远有一种近乎病态的不安全感，这不完全感源于他们对自己生存状况的深刻透视与思考。在他们眼中，财富不是最重要的东西，早上腰缠万贯，晚上一贫如洗，这几乎是犹太人的家常便饭。金钱可以被带走、被剥夺，唯有知识才是一旦拥有永不流失的东西。要穿破迷雾，顽强地生存下去，他们最大的"护身符"就是知识和智慧，这是犹太人信奉的颠扑不破的真理。

孩子能否成为杰出人物，完全取决于母亲施行了什么样的教育。因此，最早对孩子进行教育的应该是家里的母亲，而不是学校的老师；而且家庭教育必须伴随孩子们的一生，而不以某个年龄段为限。

在这本书中，我们需要向犹太人学习，而且要向他们民族优秀的根源——家庭教育学习。在犹太人看来，每一个孩子都有他出色的一面，关键在于父母能否挖掘出他的潜力，指引好他的方向，给他向前的动力，同时教给他做人的智慧。这是每个犹太人父母都会首先馈赠给自己孩子的礼物，这些礼物无疑比雄厚的家产更为珍贵，比读一百本书都更为实用。

父母该本着什么样的心态去引导孩子呢？如何让我们的孩子快乐长大，找到属于自己的幸福人生？相信你会在这本书中找到不一样的感悟和启发，让我们都来好好读一读吧。

目 录

CONTENTS

第一章

推崇个人独立精神

第一节　执着的教育追求

这是发生在一条船上的故事，乘客皆是腰缠万贯的大富翁，唯独其中夹杂着一名拉比（犹太人中的一个特别阶层，是老师也是智者的象征）。

富翁们聚在一起彼此炫耀财富多寡。拉比听到之后说："我认为我才是最富有的人，不过现在暂时不向各位展示我的财富。"

航行途中客船遭到海盗抢劫，富翁们金银珠宝所有财产都被搜刮一空。海盗离去之后，客船好不容易才抵达某个港口。拉比的高深学问受到港口镇民的赏识，他开始在学校里开班授徒。不久，这位拉比遇到先前同船而来的富翁们，他们一个个处境凄惨落魄。这时他们看到拉比受人尊敬的样子，一个个明白了当初他所说的"财富"，感慨地说："您的确说得对，受过教育的人拥有无尽财富。"

国外一位作家写道："犹太人家庭在学问方面应受到高度评价，在这方面非犹太人的家庭相形见绌。这个因素，构成了其他一切差异的基础。"犹太人爱因斯坦的成就，也与他在童年时代受到良好教育有关。这得益于他母亲的音乐熏陶，得益于他叔父的数学启蒙，得益于他父亲在他做出了蹩脚的小板凳后仍加以鼓励的情感教育。

以色列作家阿摩司·奥兹在《爱与黑暗的故事》中这样写道：她为什么扫

大街？为了供两个才华横溢的女儿上大学……她们住在一间房子里。所有这一切都是为了保证她们读书，拥有足够的学习用品。犹太家庭向来如此，他们相信教育是在为未来投资，是任何人无法从你孩子那里剥夺掉的东西，即便，但愿不会这样，有战争，有另一场移民潮，有更多的歧视法，你也能迅速地卷起文凭，藏到衣服夹缝里，逃向允许犹太人生活的任何地方。

世界专家们一致认为：犹太人对家庭教育的高度重视，是犹太人获得如此巨大成就的根本原因。重视亲子教育，是犹太民族最为突出的优良传统。犹太民族在求知、交友、处世、自我修养等各方面的良好传统使他们具备了卓越超群的文化素养。犹太民族将知识和智慧视为自己真正能掌握的财富，他们有着宗教般虔诚的求知好学精神，不仅严于律己，而且将学习、生活、做人、经商等各个方面的智慧精华教给他们的孩子。犹太人的教育不但使犹太人精明、富有，而且还使犹太人不管流落于世界任何一个地方，都能如鱼得水般地开创他们的事业。犹太人相信，良好的家庭教育是世界的希望所在，犹太世界名人的成功，无一不得益于他们父母进行的早期教育以及对家庭教育的巨大投资和执着追求。独到的家庭教育造就了无数精英，熔铸了民族之魂，托起了美好希望，这就是犹太民族的成功秘诀。

犹太人为何如此看重教育？因为，只有脑子里装的知识，才是唯一别人拿不走的东西！犹太民族历经宗教审讯、迫害，史上空前残暴、大范围的屠杀，才得以存活。以色列遭遇了亚述、巴比伦、古希腊和罗马帝国的占领与驱逐，古代历史上他们有过三次大充军的经验。二次世界大战，他们惨遭德国纳粹的屠杀，许多犹太人又散居世界各地。1948年他们又重新建国。犹太人的历史就是被迫害、被放逐——大家称犹太人为"流浪的犹太人"，不无道理。犹太人如何幸免于难？律师、医生、老师、作家、科学家，都有什么共同点？他们所创造的，都不是政府能夺走的东西。犹太人向来依赖脑子里的东西为生，而不仅仅依靠双手。当犹太人被拆散了，无论身在何处，就带着学到的东西，前往下一个地方。

能够把以色列人凝聚在一起的力量是他们的宗教信仰与他们的家庭教育。犹太人在重视宗教的同时也重视教育。而他们的教育也是与他们的宗教息息相关的。因为他们的教育工作者主要就是宗教教育。《圣经》的"旧约"部分，就是先由他们的祖先口耳相传，后来再成之于书的。每对父母都有责任向自己的子女传授自己的宗教知识，并且传给他们他们自己祖先的历史故事与法律。犹太人的知识分子在社会上有着崇高的地位。即使他们与政府有着不同的意见或政见，政府绝不会把他们投入牢狱。

犹太人对教育达到了一种崇拜和信仰的程度。犹太人的思想深处的观念是，教育的好坏决定着他们的贫穷与富有、安乐与苦难，甚至生存与死亡。他们有着"教育＝财富"的观念。以色列建国后，把教育兴国作为基本国策。开国总理古里安说，犹太历史经验就一条：质量胜过数量，没有教育就没有未来。以色列建国第二天爆发战争，战火中古里安也没忘把只有两个人的教育部留在后方起草义务教育法。以色列教育预算仅次于国防预算，约为10%，即使战争年代也至少占7%。这仅是教育开支的2／3，此外还有社会、企业、海外等资助。

世界著名导演、犹太人斯皮尔伯格还在上大学的时候，拍了一部电影《昂卜林》。在环球公司上映后的第二天，斯皮尔伯格被叫到环球影业电视剧制作部负责人西德尼·辛博格的办公室。"先生，我很喜欢你的作品，"辛博格说，"你是否想从事专业工作呢？"

"但我还有一年才大学毕业呢。"斯皮尔伯格回答。

辛博格说："孩子，你是想上大学还是想当导演？"

斯皮尔伯格从13岁起就一直想当一名电影导演，他绝不会让机会轻易地溜走。于是他和环球公司签订了7年的合同，负责拍摄电视剧和电影。

"我迅速地离开了学校，以至于来不及把冰箱里的东西全部拿走。"斯皮尔伯格说。几年以后，在一个偶然的时刻，他还想起那些留在冰箱里烂掉的鸡、沙拉和三明治。

我们都知道犹太人是非常重视教育的。几个星期后，他自言自语地说："我父亲永远不会原谅我离开学校。"

斯皮尔伯格签署的合同是一份标准的"自愿服务"7年的约定。在约定限制下，斯皮尔伯格把每一分钟都卖给了环球公司。这在商业上被叫作"死亡条约"，只有疯子或有着疯狂野心的人才会签这种合同，而斯皮尔伯格正好两者都是。

离开校园之后，这位知名导演对于未完成的学业仍然念念不忘。虽然没有回到学校上课，但他仍以写报告、私下与教授讨论等方式，慢慢把该修的学分补足。于是，在事隔 38 年之后，斯皮尔伯格的学习生涯终于接近了尾声，顺利拿到了学士学位，完成了他一生中最长的"后期制作"。斯皮尔伯格在一份声明中表示，他在拖了这么多年后仍想把大学念完的主要原因，是要感谢当初父母给他受教育的机会，使他因此有了如今的事业。此外，他也想给家族里的年轻一代做个榜样，让他们知道完成大学教育的重要性，"我只希望他们别像我念这么久"。大学毕业不一定和成功画等号，但大学学历在今天不仅是一些工作的基本要求，其实还应该是一个人生目标。大学教育能拓宽一个人的视野，训练分析与独立思考的能力。①

以色列不同行业为争取待遇而罢工，其中遇电力、交通、机场等要害部门罢工，政府往往很快提薪。而学校师生罢工就要拖很长时间，最长曾持续两个多月。教师罢工虽然严重伤害学生利益，但人们理解这是"为国家的未来罢教"，因而得到学生会及社会的一致支持，最终教授的工资会罕见地翻番。

---

① 金炜. 疯子斯皮尔伯格. 大学生，2005．7

第二节　独立思考令头脑更智慧

　　诺贝尔奖获得者、美籍犹太人赫伯特·布朗说："我的祖父常问我，为什么今天与其他日子不同呢？他总是让我自己提出问题，自己找出理由，然后让我自己知道为什么。我的整个童年时代，父母都鼓励我提出疑问，从不教育我依靠信仰去接受一件事物，而是一切都求之于理。我以为，这一点是犹太人的教育比其他人略胜一筹的地方。"这种思维的独立性表现为善于独立地提出问题、分析问题、解决问题，不人云亦云，不迷信权威。

　　爱因斯坦的老师海因里希·韦贝尔对爱因斯坦说："你是一个十分聪明的小伙子，可是你有一个毛病，就是你什么都不愿让人告诉。"在这里，海因里希·韦贝尔老师说的"毛病"正是爱因斯坦可贵的优点——思维品质的独立性。正是这个优点，使他敢于突破牛顿力学，经过不懈的努力，建立了相对论，做出了划时代的卓越贡献。

　　对于犹太人的这种不跟从大众的潮流、怀疑一切的态度，犹太心理学大师弗洛伊德是这样解释的："因为我拥有犹太人的两个天性——怀疑和思考，所以我发现自己没有受到偏见的影响，而其他的人在运用他们智力的时候却受到了限制。作为一个犹太人，我随时都准备反对和拒绝附和'大多数的人'的意见。"他的这些话深刻地解释了为什么犹太人在许多领域都可以获得不同寻常的成就，他们总是以一种怀疑的眼光看待一切事情，因而他们从来不受社会的既定成见的影响，自由地发挥他们的才能和想象力。

有这样一个笑话：

在一所国际学校里，老师给各国的学生出了一道题："有谁思考过世界上其他国家粮食紧缺的问题吗？"学生都说"不知道"。非洲学生不知道什么叫"粮食"，欧洲学生不知道什么叫"紧缺"，美国学生不知道什么叫"其他国家"，中国学生不知道什么叫"思考"。这则让人笑不起来的"笑话"，的确发人深省。

现实生活中，有的父母把一切事物都安排得十分妥帖周到，从来就没有想到什么是需要孩子自己去考虑、去想办法、去解决、去处理的。当孩子遇上困难时，父母常常不假思索就帮孩子把困难解决了。慢慢的，当孩子再遇上困难时，自己也不愿意思考，就指望父母的帮助。长此以往扼杀了孩子的思考能力，更谈不上解决问题的能力了。

很多家长习惯于事事为孩子指路，而不习惯于征求孩子的意见。一旦孩子不遵从，还要大加责备。其实孩子有孩子的想法，家长在任何时候都要注意让孩子充分表达自己的意愿，给他自主思考的机会。家长不妨将命令式语气改为启发式语气，如："这件事怎样做更好呢？""你能想出比这更好的办法吗？"这种表达方式会让孩子感觉到家长对孩子的尊重，从而引发孩子的独立思考意识。

第三节　不盲从权威

《塔木德》（犹太人口传律法的汇编，仅次于《圣经》的典籍）里记载了这样一个故事：

教士问："有两个犹太人从高大的烟囱里掉下去，一个满身是灰，而另一个非常干净，谁会去洗身子呢？"

年轻人说："当然是满身是灰的人！"

教士说："你错了！满身是灰的人看着非常干净的人想：我身上一定也非常干净。身体非常干净的人看着满身是灰的人想：我身上一定也是满身灰。所以，是非常干净的人去洗身子！"

教士接着问："两个人后来又掉进了高大的烟囱里，谁会去洗身子呢？"

年轻人说："当然是那个非常干净的人！"

教士说："你又错了！非常干净的人在洗澡时，发现自己并不脏；而那个满身是灰的人则相反。他明白了那位非常干净的人为什么要洗澡，所以这次他跑去洗澡了。"

教士再问："第三次从烟囱掉下去，谁又会去洗澡呢？"

年轻人说："当然还是那个满身是灰的人。"

教士说："你又错了！你见过两个人从同一个烟囱掉下去，其中一个干净，另一个满身是灰的吗？"

这就是《塔木德》的精髓，就是犹太文化的真谛，鼓励人们不盲从权威，不给人们权威性解释，人们必须独立发表自己的见解。

爱因斯坦从小就热爱思考和读书，他在上大学时也经常待在图书馆里，研究学习前人的理论。在他的"相对论"提出的初期，曾受到德国许多权威科学家的轻视与诋毁，甚至有人把爱因斯坦当作敌人对待，想要处他以死刑，但是这些并没有动摇爱因斯坦的决心，他更加勤奋地在实验室演算、实验，践行着科学，最终证实了他的理论的正确性。他的理性和相信科学的执着，最终造福了人类，并在物理学领域开创了新纪元。爱因斯坦说过一句有趣的话："我竭力告诫自己要蔑视权威，命运却使我成了权威。"科学正是在不断的自我否定当中才能去伪存真，不断得到发展，如果没有蔑视权威的勇气，恐怕永远都当不了权威。

国际一评估组织 2009 年一项对全球 21 个国家进行的调查显示，中国孩子的计算能力排名世界第一，想象力却排名倒数第一，创造力排名倒数第五。在中小学生中，认为自己有好奇心和想象力的只占 4.7%，而希望培养想象力和创造力的只占 14.9%。该调查还显示，尽管中国学子每年在美国拿博士学位，为非美裔学生之冠，想象力却大大缺乏。盲从权威是中国孩子缺乏创新的根源。中国人讲究规矩，"没有规矩不成方圆"。这种规矩虽然可以规范人们的行为，却也在另一个层面，限制了人们的思维。

创新工场董事长兼 CEO 李开复也表示："中国人总是把'乖''听话'当作一个孩子的优点。但是我希望我的孩子不要只做听话的孩子，我要他们成为讲理的孩子。听话的孩子可能只是盲从，而不见得懂道理，而且以后这样盲从的人如何进入社会。讲理的孩子因为觉得你有理而'听话'，而不是畏惧你而'听话'。那不就是更好吗？"

以下情形可能很多中国人都会遇到，当我们的孩子把太阳画成绿的、把天空画成绿色、把小草描成蓝色……大多数父母会教导孩子改成正确的颜色。殊不知，这样一改，也把孩子的想象力与思维模式也改掉了。

犹太人思维模式的一大特点就是敢于挑战一切，不信奉权威，对现在存在的一切，都当作不合理的。因为只有这样，才能最大限度地发挥想象力，以不断创造商业机会。

曾听过这样一则故事，形象地说明了这个道理。有个人家里养了一头驴，非常能干，但这头驴生病快不行了。如果没有病，那这头驴至少能卖800元，但现在生病了，最多也只能卖50元。于是他牵着这头驴去集市上当好驴卖。有人上前打听，卖驴人便装出一副无辜样，一番讨价还价之下，以100元成交。但买驴人买回家后，驴第二天就死了。

在一般人的思维里，100元买了一头死驴，肯定是亏了。但如果是犹太人，会让这头死驴赚钱。怎么赚呢？发彩票。只要花2元买一张彩票，有可能买一头驴（当然不知道是死驴）。发行了1000份。结果怎么样呢？

彩票收入2000元，中彩的人知道是死驴，不干，退2元，再减去买驴的100元，净赚1898元。这就是犹太人的思维。[①]

《犹太法典》中有很多鼓励人们不要循规蹈矩的话语，其基本观念在于：人必须脱离常轨，才能促进进步。换句话说，人不可以迷信权威。在犹太人的历史上，摩西是一位十分伟大的领导者，但是，犹太人也并不特别推崇摩西。因为犹太人认为不可造成绝对的权威。

在犹太人的语言中，"希伯来"的原意是"站在对岸"，也就是站在隔一条河的地方，或是与别人不同的地方。每一个人都要去找这么一个地方站着，才能立足于社会上。犹太人就是这样独立地站立着，才不至于盲从。

犹太人认为，每个人都应该珍视自己，并且真正地尊重自己。如果一个人能非常珍视自己，便能产生个性，然后才能透过个性，发挥专长以贡献社会。因此，对犹太人来说，培育个性是每个人的义务。个人的独立是个人的生存之道，整个民族的独立是这个民族的生命不息之泉。这就是犹太人对于权威不盲从的智慧之处。

---

① 卢文兵. 犹太人的特质是思维模式. 金融界，2010. 11

第四节　永恒的探求心境

　　犹太人重视知识，更重视才能，他们把仅有知识而没有才能的人喻为"背着很多书本的驴子"。他们认为，一般的学习只是一种模仿，而没有任何的创新。学习应该以思考为基础，而思考是由怀疑和问题所组成的。学习便是经常怀疑，随时发问，怀疑是智慧的大门，知道的越多，就越会产生怀疑，而问题也就随之增加，所以发问使人进步。犹太人家庭由此特别注重与孩子的思想交流。孩子们可以同成人谈话和讨论问题，偶尔成人还会同孩子们"纠缠"个没完，意在引导他们投入到学习与研究上去。

　　当一个犹太人的小孩上学的时候，他就被鼓励提问。放学回家之后，他的妈妈就会问他："你今天在学校里向老师提问题了吗？提的什么问题？"小孩子说："我问老师，为什么鱼是用嘴巴呼吸不是用鼻子呼吸，它的鼻子在哪里？我过马路的时候为什么红灯总是亮的，为什么玛利老师今天穿了一件咖啡色的裤子？"开始的时候，他们的问题让人觉得幼稚可笑，但是时间一长，他们的问题就已经很难让人回答了，甚至一些专业的教授也无法回答了。

　　犹太人就是这样喜欢提问，因为在他们看来，思考是求得智慧的开始。不会思考的人，也不会学习。思考让人明白为什么要去做一件事情，做这件事情有什么好处，他们所探求的是一件事情根本的原因，而不是那些浮在表面的东西。你如果抓住了这些最为根本的东西，就如同抓住了深水中的鱼，而如果抓住表面的东西，你抓住的不过是鱼吐出的水泡。

要给孩子提问的机会。孩子多半是好奇的，他们想了解他们不知道的所有事物。所以，身为父母的你应该鼓励和满足他们的好奇心。但是大人多半在无意中抹杀了孩子的好奇心。当孩子问："妈咪，我如何来到世上？"多数妈妈一定会很不好意思地说："去问你爸爸。"而当孩子问爸爸时，爸爸会说："你还太小，不懂这些事，以后你长大后自然会知道的。"在这个例子中，父母亲以为孩子是问有关性爱的问题，但事实上却是问他是如何会来到这个世界上的。如果你愿意好好地回答他的问题，就等于在无形中帮助孩子建立想象力和对生命、未来的好奇。

犹太父母认为，会思考的孩子，才能获得更多的知识并拥有智慧。当孩子的学识增加时，心里产生的疑问也应该跟着增加，每当解决了一个问题，孩子就会学到更多知识。

所以，在犹太家庭中，父母很喜欢孩子提出各式各样的问题，如果孩子有一段时间没有发问，犹太父母就会思考最近是不是与孩子的沟通不足，让孩子不再动脑思考问题了。此时，犹太父母就会反过来，追着孩子不停地发问、讨论，直到孩子重新思考为止。

孩子生来就有一种学习和探究的欲望，他的好奇心驱使他一次又一次地尝试每一件事直到掌握为止。孩子是个年轻的科学家，只有在他有意识地做出行动来反复观察事情的发生过程后，才能理解事件的起因和结果。因此孩子往往喜欢自己动手做事，并在做的过程中寻找答案。

苏联著名教育家苏霍姆林斯基说过："在人的心灵深处有一种根深蒂固的需要，就是希望自己是一个发现者、研究者、探究者。而在儿童的精神世界中，这种需求特别强烈。"儿童对大自然有着与生俱来的好奇心，他们希望自己是发现者、研究者或探索者；希望通过自己的亲身实践去发现科学的真谛和大自然的奥秘。缘于儿童内在的需要和兴趣，家长首先要积极营造探究的氛围，使儿童敢于探究、善于探究和乐于探究。

国外家长对待孩子探索世界的态度是怎样的，较经典的例子就是那个"吃生饺子"的故事。

当什么都不懂的孩子，抓起桌上刚包好的生饺子就要往嘴里送时，在一旁的大人丝毫没有要阻止他的意思，"眼睁睁"地看着孩子把没法吃的生饺子送进了嘴里，然后又看着孩子把饺子吐了出来。"吃过一次，他就知道不好吃了。"国外的家长就是这样想的。通过亲身实践和亲身体验得到的直接经验是很宝贵的，相比机械记忆的间接经验，直接经验更能被孩子掌握，并内化成个人能力的一部分。你当然可以一边阻止孩子吃生饺子，一边很亲切地告诉孩子生饺子不能吃的原因，但这远远比不上让孩子亲自尝试一下来得印象深刻。

孩子一生要走的路还那么长，你不可能每次都在他要"吃生饺子"时都恰巧在他身旁。孩子"亲身尝试"开始的时间越早越好，因为能力的培养是依靠经验的累积，体验越早、经验越多、能力也越强。这样的孩子以后长大了，你也可以放心地让他去闯天下。

第五节　推崇个人的独立精神

　　整个犹太群体都非常推崇个人的独立精神，在他们看来，独立精神是一个人拥有一切优秀品质的基础。

　　"你希望我能永远同你一起出航，这听起来很不错，但我不是你永远的船长，上帝为我们创造双脚，是要让我们靠自己的双脚走路。"洛克菲勒这样告诉儿子。

　　洛克菲勒家族从发迹至今已经绵延 6 代，仍未出现颓废或没落的迹象。洛克菲勒家族的节俭是出了名的，除此之外，还有很重要的一点，那就是洛克菲勒家族非常重视对子女独立精神的教育。

　　洛克菲勒家族告诉孩子不要过分依附别人，甚至包括父母。洛克菲勒家族教育孩子不要希望得到别人的保护，还会有意让他们亲身去经历、发现和体验生活中的困难和挫折，尝试可能涉及的危险。

　　不仅是洛克菲勒，整个犹太群体都非常推崇个人的独立精神，在他们看来，独立精神是一个人拥有一切优秀品质的基础。所以，在犹太人的家庭教育中，培养孩子的独立精神是重中之重。

　　犹太人的一位领袖撒曼以色三世曾经说："没有比既能做事又能做学问更好的了。没有劳动的学问结不出果实，相反，却可能导致罪恶。"正因为有这样的教育理念，很多犹太学生很早就开始打工。他们有的在蔬菜店门口招揽生意，有的在印刷厂里干杂活，有些立志当教师的高中生还在夏天的时候参加夏令营，做中、小学生的领队。

犹太人从小就被灌输这样的思想：

如果要实现自己的理想，不学会自己赚钱，不在经济上独立是不行的。如果一直由家人或朋友提供经济上的援助，一个人要实现真正的独立是不可能的。你能够得到别人的帮助固然不错，但一定要知道，人是绝对不可能永远靠别人来生活的。

来姆是一个拥有许多财富的犹太商人，在他16岁去英国留学的时候，他的父亲只给了他100英镑作为学费。临行前来姆的父亲还说："留学回来后，把这100英镑还给我。"就这样他来到了伦敦，很快来姆就用自己的好点子赚到了学费，并且他还以非常优异的成绩成为伦敦经济学院的毕业生。毋庸置疑，来姆也按照父亲的话还上了那100英镑。

犹太人认为那些把知识看得比实践重要的人，就好比一棵枝繁叶茂但根基很浅的大树，当遇到大风大浪时很容易就倒下了。相反，认为实践重于知识的人就不一样了。他们一定能根须深固，哪怕遇到再大的风浪也能纹丝不动。所以说，对实践毫无用处的知识是空洞的，就像被风吹走的碎屑一样。

对所有人来说光有学问都是不能生存的。所以，要想让孩子拥有独立生存的能力，就应放手给他自由。这种自由正是犹太人给自己孩子的最好礼物。犹太人的孩子就是在对生活不断体验的基础上，找到自己人生方向的。

教育家蒙台梭利表示："儿童的发展会直接指向更加独立的方向，犹如离弦之箭。儿童刚刚出生就已经开始了其独立进程。在发展过程中，他会不断地完善自己，克服前进道路上的困难。一个重要的力量在他们体内起作用，使他们向着自己的目标不断努力。儿童要求独立是我们所说的'自然发展'的基本步骤。如果我们对儿童自然发展给予足够关心，儿童就会逐步达到独立。这不仅适用于心理方面，也适用于身体方面。"

两岁左右是孩子独立性发展最快的一个阶段，出现了最初的自我概念，以第一人称"我"称呼自己，开始出现"给我"、"我要"、"我会"、"我自己来"等自我独立性意向。也许昨天还是妈妈怀里的娇孩子，事事依靠妈妈，今天突然间要独立，什么都要"自己来！"明明自己做不好，还不让别人帮忙，如果父母仍像以前那样，孩子有时就会发脾气。不了解孩子的父母也许会说："这孩子变得不听话了！"其实这是幼儿成长过程中必不可少的一步，也是孩子可喜的进步。成人应该抓住这个孩子要独立的敏感期，掌握必要的教育策略与要点，让孩子的独立要求得到满足，避免过度依赖的形成或抵触"反抗"的出现。

那么，如何因势利导把孩子的意向"自己来"变成正向的力量促其更好地成长发展呢？

1. 更新爱的观念，改变爱的方式，把学习的机会交给孩子，培养孩子自理的能力及对外界的适应能力，为其今后健康发展奠定良好的基础。

2. 确定适当范围，支持孩子"自己来"。

凡是孩子能自己做的事，必须支持他自己做，并随着年龄的增长不断扩大"自己来"的范围。

3. 耐心指导，教会技能。

由于孩子年龄小，能力差，在尝试"自己来"时往往搞得一塌糊涂，这时父母应耐心指导，做好示范，教会孩子"自己来"的技能，帮助孩子进步、成功，从而获得足够的自信心。

4. 经常提醒，持之以恒。

许多事情孩子要自己来只是凭一时的兴趣。而孩子的兴趣广泛却并不稳定，往往今天要自己做的事情明天就不感兴趣了。因此要使孩子从小养成自己的事情自己做的好习惯，必须靠父母的帮助和督促。

第六节　做孩子幸福童年的守望者

孩子一出生，就有了最初的认知能力，0～3岁是许多能力发展的关键期，印度狼孩的启示说明了教育环境的重要性，如果这个时候不给他适当的刺激，不提供良好的环境，孩子的智力将得不到充分的、有效的发展。美国心理学家布鲁姆认为，如果以一个人17岁时的智力水平为100，那么他4岁时智力水平已达到50，在4～8岁可以发展30，在8～17岁之间只能发展20了。可见，婴幼儿期是智力发展的高速阶段。而没有早期教育意识的父母，由于不懂得去挖掘孩子的大脑潜能，将白白错过孩子的智力开发黄金期，实在是一种大脑资源的浪费。在最初的这个阶段，家庭教育就显得非常重要。

著名教育家蒙台梭利认为，一切教育问题的根本解决，"第一步绝不应该针对儿童，而应针对成人教育者"。没有人生来就会做父母，我们只有通过学习、观察、思考、调整，才能和孩子一起成长，共享童年的美好。在童年的田园里，我们曾是匆匆过客，从此刻开始，我们不妨放慢脚步，用心灵和智慧陪伴孩子，做孩子幸福童年的"守望者"。

犹太人说："一个好母亲胜过一所好学校。"母亲教育方式的不同直接造就了孩子看似相同实则迥异的成长。在20世纪初，美国人发现，犹太母亲就业率低于其他的民族，原因是她们留在家里照看孩子，确保孩子上学。犹太人的母亲是在家教育孩子，而我们的母亲则在家带孩子。教育孩子和带孩子的区别就在于从怎样的角度去影响孩子。教育孩子不仅要养育他们，还要培养他们的思考能力，包括生活上的思想品格、智慧、性格、自立、财富等。

犹太民族与众多的民族不一样的特点中还有一个特点，那就是：在犹太人的家庭中，女性的地位是不可磨灭的。虽然早期犹太人的教育基本上是以男子为中心的教育，尽管女子在家庭享有尊严的地位，但她们扮演的角色主要是相夫教子。"妇女如何获得荣誉呢？通过把儿子送到犹太会堂去学习《托拉》，把丈夫送到拉比学院去研究。"但犹太人的女子是很有文化的，而且每当拉比们在公众场合讲授道德和律法以及其他知识的时候，应邀参加的一定要有妇女和儿童。

母亲并不是一个简单的称谓，也不再是传统意义上的喂孩子、洗衣服、打扫卫生……而是一种伟大而神圣的职业。母亲的教育很重要，母亲的工作不能由旁人代替，孩子的教育必须由母亲承担。把自己的孩子委托给他人，只有人类这样做，其他的动物决不会这样。

斯特娜夫人[①]曾经说过，中国是最早开设学校的国家，尽管如此，他们的文明落后了。这是由于他们没有认识到妇女教育的必要。过去，中国人认为妇女不应受教育，因此，中国大多数妇女是文盲，也不进行家庭教育。受不到母亲教育的国民绝不会成为伟大的国民。

有种说法是罗马之所以灭亡，就是由于罗马的母亲们把教育孩子的工作委托给了别人。这种说法虽然夸张了些，可是就像德国教育家福禄培尔曾经说过的："国民的命运，与其说是操纵在掌权者手中，倒不如说是握在母亲的手中。"

在我国吉林一位家境贫寒的母亲在得知自己患骨癌后，竟忍着巨大的伤痛，为年仅9岁的儿子织完了他25岁前所需的所有毛裤。看完这条消息，笔者最直接的感受，不是感动，而是悲愤。

该报道为了突出母爱的伟大，列举了许多细节，比如，"由于左腿曾做过手术，张宇的妈妈每天只能是坐在床上编织，因为身体虚弱，每织5分钟，就

---

① 其著作《斯特娜夫人自然教育全书》在20世纪初被人们视为"教育神话"。

得躺下来休息 20 分钟"。当家人劝她别织时，她说："我一旦走了，小儿子只有 9 岁，没有人照顾，一定要趁着自己还有口气，多为小儿子织些毛裤留着以后用。"

这就是一个典型的中国式母亲的形象——想尽一切办法为孩子创设最好的生活条件，不顾一切、毫无保留地爱着自己的孩子，哪怕牺牲自己的生命也在所不惜。

但是，过度的关爱，尤其是像这位母亲那样对孩子的爱，其实是可怕的，是百害而无一利的！看似是爱孩子，其实是以母爱的名义剥夺了孩子独立性的塑造与养成。如此"中国式母爱"该休矣！每一位母亲，真的都应当沉下心来想一想：我到底要帮孩子帮到什么时候？

还有一些父母将孩子交给了孩子的爷爷奶奶去管。江苏省天一高级中学特级教师沈茂德校长曾多次呼吁：将孩子从爷爷奶奶身边带回家吧，因为，教育孩子，是你的职责，是应该、是必须！好多家长，不管要交多少择校费，都要将孩子送到贵族学校、国际学校，有的甚至是从幼儿园开始，到小学、初中、高中，他们的口号是："不要让孩子输在起跑线上！"孩子在读上大学以前，已经要十几万元甚至要花上几十万元。在此看来，仿佛家长对孩子的教育相当重视，可是，他们不知道，其实，他们是在花钱将自己的责任，推到老师身上、推到孩子的身上。哪一天，我们的父母亲，从爷爷奶奶那里接回孩子，认真倾听、认真给他们讲故事、陪他们一起读书；哪一天，我们的父母亲，根据孩子的特长、兴趣爱好，为孩子提供他发展个性的空间，提供增长能力的平台，那么，我们的孩子幸甚！

第二章

唯一的财富是智慧

第一节　唯一的财富是智慧

　　我们唯一的财富就是智慧，当别人说 1 加 1 等于 2 的时候，你应该想到大于 2。

——《塔木德》

　　思路决定出路，犹太人的成功来自其不懈的思考。犹太人并非天生就有超人的智慧和创造财富的能力，而是他们具有勤于思考的民族习惯，具有重视知识、善于学习的优良传统。思考贯穿于犹太人一生的每一天，也正因为如此，犹太人才涌现出爱因斯坦、卡尔·马克思、弗洛伊德、J．P．摩根、洛克菲勒、基辛格、戴尔等许许多多的著名人物。

　　犹太人用永不停息的思考去获得智慧，获得财富，获得力量。善于思考的人，他们的思维是全面的，是开放的，在别人说一的时候，他们想到的应该是二，甚至是三。犹太人就是靠这样多想几个问题成功的。

　　在《塔木德》中有这样一个故事：

　　一天，犹太富翁哈德走进纽约花旗银行的贷款部大模大样地坐下来。看到这位绅士很神气，打扮得又很华贵，贷款部的经理不敢怠慢，赶紧招呼：

"这位先生需要我帮忙吗？"

"哦，我想借些钱。"

"您要借多少？"

"1美元。"

"只需要1美元？"

"不错，只借1美元，可以吗？"

"当然可以。像您这样的绅士，只要有担保，多借一点也可以。"

"那这些担保可以吗？"

说着，哈德从名牌皮包里取出一大把钞票堆在银行柜台上。

"喏，这是50万美元，够吗？"

"当然够！不过，你只要借1美元？"

"是的。"犹太人接过了1美元就准备离开银行，在旁边观看的银行经理此时有点傻了，他怎么也弄不明白，这个犹太人抵押50万美元就只为了借1美元？

他忙追上前去："这位先生，请等一下，我想知道你有50万美元，为什么借1美元呢？如要借30万、40万美元，我们也会考虑的。"

"啊！是这样的，我来贵行之前问过好几家金库，他们保险箱的租金都很昂贵。只有您这里的利息很便宜，一年才花6美分。"

这便是犹太人的精明之处。银行是存钱的地方，也是贷款的地方，贷款需要抵押。别人有大量的资金需求才来贷款，银行为了保证资金可以正常的回收，就需要超出所借资金多一些的抵押金。别人通常是希望借贷的资金越多越好而必需的抵押越少越好，而他却反其道而行之，他的抵押金用了50万美元，而借贷的资金只是1美元。这完全超出了平常人的思维。而用很高的抵押金来换取区区1美元的贷款却是合法的且节省了租用保险箱的费用，由此，我们不能不佩服他的精明。[1]

犹太人中流传着一个小笑话。纳粹横行的时候，一天，一队盖世太保来

---

[1] 唐坚. 改变思路，改变出路. 石油工业出版社，2007. 11

到柏林的郊区，他们抓走了一个犹太家庭的丈夫，只剩下非犹太血统的妻子。妻子通过各种关系和丈夫取得了联系，并写信告诉狱中的丈夫，由于家里缺人手，今年可能要错过耕种马铃薯的时节。丈夫在狱中想到一个绝妙的办法，于是回信给妻子："不要耕地了，我已经在地里埋了大量的炸弹和炸药。"没过几天，一些盖世太保就开着车来到了他家的地里，他们整整翻了一个星期也没有找到信中说的炸药和炸弹。妻子将这件事写信告诉了丈夫，丈夫回信说："那就种马铃薯吧！"

犹太人的聪明是众所周知的，但是谁也不知道他们到底聪明在何处。这个小故事中，我们会发现犹太人就是有本事能将一条条死路，经过大脑思考后走成活路，这不是一般人可以做到的，但是犹太人做到了。

第二节　犹太人的崇智主义

　　广东有一个人成立了一个所谓的中国犹太商学院，帮助别人 3 年赚了 5000
万，说犹太人是世界上最会赚钱的民族，只有 1800 万人口，但是却控制了世
界 80% 的财富。这是一种对犹太智慧的曲解和误导。对于犹太人来说，发了财
并没有成功，真正的成功是拥有知识和智慧，文化和智力的寿命比金钱更长。
他们伟大的理想是什么呢？就是要修复残缺而不完美的世界。他们在流浪的过
程中一方面要寻找一个智慧的、幸福的、有创造力的地方。一个国家、一个民
族只有追寻智慧、幸福和创造力，它才能够具有远大的发展潜能。

　　所以说，讲犹太人，核心放在财富上，这是一种误解。如果从哲学而不是
从神学的角度来说，犹太人创造了上帝，创造了"摩西十诫"，创造了律法和
法律，由信仰上帝到信仰真理，再到信仰法律。上帝、真理、法律，这是人类
现代文明的完整转换。财富对于犹太人来说只是工具和手段，只是附加值和副
产品，从来不是最主要的。犹太人的发明和创造很多，包括大家现在喜欢穿的
牛仔裤，女性穿的内衣，包括我们吃的避孕药和"伟哥"，包括我们曾经打过
的西药青霉素、链霉素、小儿麻痹疫苗，还有照相技术，等等。犹太人中被视
为真正的聪明人是科学上有所发现、技术上有所发明、思想和艺术上有所创造
的人，而不仅仅是有钱人。犹太人的价值观中，地位身份最高的首先是拉比，

然后是学者、律师、医生、法官、思想家、科学家、艺术家，最后才是商人。这是犹太人的价值观，其实也是犹太人的启蒙思想。

犹太人认为，人类的全部尊严在于智慧。

犹太民族历经坎坷、四处流散，为了不被吞没，他们往往聚敛巨大的物质财富，掌握他们居住国的经济命脉。但是，富可敌国的犹太人永远有一种近乎病态的不安全感，这不安全感源于他们对自己生存状况的深刻透视与思考。

在他们眼中，财富不是最重要的东西，早上腰缠万贯，晚上一贫如洗，这几乎是犹太人的家常便饭。金钱可以被带走、被剥夺，唯有知识才是一旦拥有永不流失的东西。

几乎每个犹太家庭的孩子都要回答这一个问题："假如有一天你的房子被烧毁，你将带什么东西逃跑呢？"要是孩子回答是钱或钻石，母亲将进一步问："有一种没有形状、没有颜色、没有气味的宝贝，你知道是什么呢？"要是孩子回答不出来，母亲就会说："孩子，你要带走的不是钱，也不是钻石，而是智慧。因为智慧是任何人都抢不走的，你只要活着，智慧就永远跟着你。"犹太人一心追求智慧，并以不同寻常的方式运用知识来谋生的特点代代相传。

崇智主义是对知识和智慧的崇尚和尊重。犹太人认为，智慧是上帝神性的一种流溢，一种外现。圣经里面讲，耶和华以智慧立地，以聪明定天，在犹太人的心目中，智慧和知识仅次于神的地位。

犹太人有很多富有智慧的谚语和箴言，例如，别人的钱装在口袋里，犹太人的钱装在脑袋里。犹太民族没有文盲，文盲早在中世纪就消灭了。

在今天的哈佛、耶鲁、哥伦比亚大学当中，犹太人出身的大学教师占9%。以色列对教育格外重视，以色列建国以来的教育经费，一直占国民生产总值的8%以上，这个比例是很大的，我国2010年出台的《国家中长期教育改革发展规划》，目标是4%。以色列平均拥有的教授、科学家、医生、论文出版、图书馆、出版社、剧院、在校学生数等指标，在世界各国均名列前茅。另外以色列也是世界上唯一一个在校的人文社科类大学生超过了理工科大学生的一个国家，这个国家非常重视传统，重视人文教育。

这种崇智思想，是把神圣化与功利化有机结合的一种智慧观和现世行为。就是说尊重知识是神圣的，同时知识又可以给他们带来功利，犹太人很好地把这两者结合在一起。这样一种智慧观，对这个民族的创造力起到了非常重要的作用。[①]

[①] 犹太人超凡创造力从何来. 深圳新闻网，2010. 8

第三节　抢不走的智慧

　　为什么犹太民族人才辈出？这跟犹太人世代相传的独特的家庭教育有很大关系。犹太人的教育特点是：突出独立教育；尊重智慧；重视对孩子思维和才能的培养。犹太人明白，最初对孩子进行良好的家庭教育是成就天才的前提，一个人的早期教育决定孩子的一生，在对孩子教育时，犹太人非常重视智慧教育，因为一切成功都要靠智慧得来。

　　犹太人在历史上不断地遭人驱逐，被迫四处流浪，他们的财富可以被任意地剥夺，然而只要他们拥有了知识，他们依然可以凭借自己良好的教育、杰出的智慧、经商的经验，很快再次变得富有。他们的经典如《圣经》、《塔木德》等，是他们保证自己是犹太人的根本，也是使他们再度富有的知识和理论的根源。知识是他们在长期的流浪生活中重新振作起来的根本原因。

　　犹太人如何巧妙地运用自己的智慧，请看下面的这个故事。

　　一次，一位犹太老人主动为一位农夫的儿子说媒。他对农夫说："我为你物色了一位最好的儿媳，这姑娘是罗斯切尔德伯爵（著名银行家）的女儿。"

　　农夫听后，高兴地说："那太好啦！"

　　犹太老人又找到罗斯切尔德伯爵，说："我为你女儿找了一个万里挑一的好丈夫。"

罗斯切尔德伯爵婉拒道："我女儿还太年轻。"

犹太老人说："可这小伙子是世界银行的副行长。"

"噢，如果是这样，那当然好啦！"

最后，犹太老人找到世界银行行长，说："我给你找了位副行长。"

行长为难地说："我们已经有足够的副行长了。"

犹太老人："可是，你知道吗？这位年轻人是罗斯切尔德伯爵的女婿。"

一听此言，世界银行行长欣然同意。

所以说，成功是优点的发挥，失败是缺点的累积。犹太老人利用自己的智慧，巧妙地促成了这桩美满的姻缘，让农夫的穷儿子摇身一变，成了金融寡头的乘龙快婿，真是功德无量。

在犹太教中，勤奋好学是敬神的一个组成部分。没有一种宗教像犹太教那样对学习和研究如此强调。由于把勤奋好学提到敬神的高度，犹太人在自己"信仰"的鞭策下，形成了一种几乎全民皆有文化的传统。

犹太民族重视知识，和我们当今重视上大学是两码事，我们的"重视"也与犹太民族重视知识的精神背道而驰。知识决不是富裕生活的敲门砖，上大学决不是好工作的捷径！知识就是知识，大学是为了更好研究学问的地方而不是创造就业的园地。不错，知识是要联系实际，也要服务于社会，个人也需要获得物质上必需的生存条件。但是，如果仅仅以此为目的，那么，我们这个民族将失去精神和灵魂！再结实的骨肉也不能失去灵魂！仅仅以此为目的，高考之后，在大学——这个本该我们最发奋的地方——反而比在中学懒散。

第四节　知识是甜蜜的

　　犹太教授安瑞兹先生说，每一个犹太人家里，当小孩稍微懂事时，母亲就会翻开《圣经》，滴一点蜂蜜在上面，然后叫小孩子去吻《圣经》上的蜂蜜。这仪式的用意不言而喻，书本是甜的。古时候犹太人的墓园常常放有书本。说是在夜深人静时，死者会出来看书的。当然，这种做法有一些象征的意义，即为：生命有结束的时刻，求知却永无止境。犹太人家庭还有一个世代相传的传统，那就是书橱要放在床头。要是放在床尾，就会被认为是对书的不敬而被禁止。

　　犹太人不焚书，即使是一本攻击犹太人的书！犹太人爱书的传统由来已久，深入人心。犹太黄金教育网的数据表明，联合国教科文组织 1988 年的一次调查表明，在以犹太人为主要人口的以色列，14 岁以上的以色列人平均每月读一本书；全国的公共图书馆和大学图书馆 1000 多所，平均 4500 人就有一所公共馆。在 450 万人口的以色列，办有借书证的就有 100 万。在人均拥有图书和出版社及每年人均读书的比例上，以色列超过了世界上任何一个国家，为世界之最！

　　"摩西十诫"中有这样的记载，父母与子女的关系只有一条："孝敬父母"，父母有责任指导孩子读书，增长知识，明辨是非，他们在一起诵经、共同探索经文真谛，达到交流思想的目的；孩子不简单模仿大人行为，要多问为什么，甚至展开争论，这不有悖家规，而是受到鼓励的。

以色列天才的政治家伊扎克·拉宾的妻子拉宾夫人的"回忆录"中，生动地讲述了拉宾家"餐桌上的讨论"：外孙尤纳坦只是一名士兵，餐桌上老是"无休止"地纠缠着历任总参谋长、国防部长、总理的大人物——拉宾提一些安全方面的问题，拉宾总是认真、耐心地回答，有时爷孙还要争论几句。一次，餐桌上没及时回答外孙的问题，拉宾很不安，宁可推迟出席埃及大使的宴会，专程去女儿家，回答外孙的问题。此时的拉宾犹如履行了一位国防部长应尽的职责，愉快而欢畅。

犹太人就是这样的民族，他们尊重知识，追求真理。在他们眼中知识是最伟大的，在知识面前，世俗的一切统治者都要让位。为此，犹太父母在教育孩子时都会告诉他们，知识是一切财富的来源，是唯一可以永久打开财富之门的金钥匙。犹太人的历史再次验证了知识的价值，与其把有限的财富交给孩子，不如给他们一把可以永远打开财富之门的金钥匙——知识。

犹太人的经商头脑已经让整个世界为之折服。为此，犹太商人的经商策略成了众人研究的重点。其实，犹太商人的与众不同就是他们对知识的信奉与推崇。在犹太商人眼中，那些没有知识的商人不算真正的商人，既然你不是真正的商人，我就没有必要和你做生意。他们最看不起没有文化的商人，犹太商人绝大部分学识渊博、头脑灵敏，如同中国的"儒商"。他们看起来更像学者，身上透着一股书卷气。这并非因为犹太商人都有高学历，都在学校学习过许多年，而是因为犹太民族的学习传统和钻研习惯。

一个典型的犹太家庭与中国家庭相仿，男子外出挣钱养家，女子操持家务，相夫教子，确保子女完成学业。富有人家是这样，贫困之家亦是这样。一个犹太孩子，除需外出求学外，每天要做多次祈祷，每七天要过一个安息日。每年有十几个节日，父母通过这些对孩子进行着宗教的、民族的、也是文化的教育。犹太传统婚姻也体现着犹太人尊重知识的精神，困境中犹太人最懂得优生优育的道理，才智一般的犹太人尚难立足社会，更何况才智低下的人呢。犹太人的"门当户对"不完全是财富与门第的匹配，而是人的素质的匹配。富人愿为子女寻找有才华的青年或品行好的拉比家的子女，而不管他是贫是富；贫穷的父母宁肯变卖家中财富也要为子女找一个有学识的人家。

第五节　学者比国王伟大

在别的民族将王侯、贵族、军人或商人的地位放在学者之上的时期，犹太人却认为学者比国王伟大。有一条犹太格言是这么说的："即使变卖一切家当，使女儿能嫁给学者也是值得的；为娶学者的女儿为妻，纵然付出所有的财产也在所不惜。"在犹太人社会里，教师甚至比父亲更重要。假使父亲和教师双双入狱，他们宁肯救出教师（除非可同时获救），因为在犹太人社会里，传授知识的教师被认为是非常重要的。

1952年11月9日，爱因斯坦的老朋友以色列首任总统魏茨曼逝世。在此前一天，就有以色列驻美国大使向爱因斯坦转达了以色列总理本·古里安的信，正式提请爱因斯坦为以色列共和国总统候选人。当日晚，一位记者给爱因斯坦的住所打来电话，询问爱因斯坦："听说要请您出任以色列共和国总统，教授先生。您会接受吗？""不会。我当不了总统。""总统没有多少具体事务，他的位置是象征性的。教授先生，您是最伟大的犹太人。不，不，您是全世界最伟大的人。由您来担任以色列总统，象征犹太民族的伟大，再好不过了。""不，我干不了。"

爱因斯坦刚放下电话，电话铃又响了。这次是驻华盛顿的以色列大使打来的。大使说："教授先生，我是奉以色列共和国总理本·古里安的指示，想请问一下，如果提名您当总统候选人，您愿意接受吗？""大使先生，关于自然，我了解一点，关于人，我几乎一点也不了解。我这样的人，怎么能担任总统呢？请您向报界解释一下，给我解解围。"

大使进一步劝说："教授先生，已故总统魏茨曼也是教授呢。您能胜任的。""魏茨曼和我不是一样的。他能胜任，我不能。""教授先生，每一个以色列公民，全世界每一个犹太人，都在期待您呢！"

爱因斯坦的确被同胞们的好意感动了，但他想得更多的是如何委婉地拒绝大使和以色列政府，又不使他们失望，不让他们窘迫。

不久，爱因斯坦在报上发表声明，正式谢绝出任以色列总统。在爱因斯坦看来，"当总统可不是一件容易的事"。同时，他还再次引用他自己的话："方程对我更重要些，因为政治是为当前，而方程却是一种永恒的东西。"①

当其他民族将王侯、贵族、军人或商人的地位放在学者之上的时期，犹太人的教育培训理念却认为学者比国王伟大。犹太人历来尊崇学者，使拉比——教师和智慧的人得到极高的声望。在古代的犹太社会里，凡是被称为"他尔米特·赫里姆"，即精通犹太法典者，都不必缴税。因为大家认为他们已经付出了很多心力，对整个社会有着莫大的贡献，所以不但不让他们缴税，而且要以整个社会的力量去帮助他们。

以后，当学者的声望从宗教学问转移到世俗学问上时，大学里的学位特别是高学位成了犹太学生追求的目标。对一个犹太家庭来说，没有比家庭中有一位或几位博士更为荣耀的了。其结果是在犹太人中产生的诺贝尔奖获得者、学科领域中的代表人物，以及各种专业人才，其数量之多远远超过他们的人口比例。

---

① 牛宝成. 爱因斯坦拒绝当以色列总统. 人民网，2005．6

第六节　要站在艺术与科学的交叉口

　　所有的科学都与艺术有关，所有的艺术也都有科学的一面。法国物理学家何曼德·斐索（Armand Fizeau）指出，不懂艺术的科学家是最不合格的科学家，不懂科学的艺术家也是最不合格的艺术家。犹太人像重视外语、数学、科学一样重视艺术教育。由于他们从小就接受音乐教育，所以犹太人一般至少会弹奏一种乐器。艺术需要想象，人文和自然科学也同样需要想象。教育的目的是让所有的孩子都能像画家、科学家、音乐家、数学家、舞蹈家和发明家那样思考。犹太人认为，培养只精通某一领域的专家没有任何意义。

　　波斯特夫妇在比较了科学领域的 510 名"诺贝尔奖"获得者以及部分普通学者（英国国立协会、美国国立科学院会员等）之后，得出了这样的结果："诺贝尔奖"获得者成为音乐家的概率是普通学者的 4 倍，而成为小说家和诗人的概率是普通学者的 25 倍。事实也印证了这一说法。爱因斯坦能够发现"相对论"，很大程度上得益于他天才般的音乐天赋。他曾经说："从 6 岁起，我的母亲就让我学习小提琴了。我的发现与我的乐感有很大的关系。"[①]

　　如果想要孩子成为科学家，那么一定要教给他艺术；如果想让孩子成为艺

[①]　高在鹤（著）黄丽柏（译）．跟犹太父母学最伟大的塔木德教育．吉林摄影出版社，2012．10

术家，也要教给他科学。像爱因斯坦一样的伟大科学家们都有与艺术相关的爱好。他们利用这些爱好，在各自的科学领域里取得了成功。

苹果创始人乔布斯表示，创新不仅仅是工程学和科学，也是艺术。在乔布斯的带领下，苹果站在了"艺术与科学的交叉口"。如果要找一个历史人物来对应乔布斯，或许达·芬奇是个合适的选择。这并不是说乔布斯达到了"文艺复兴人"的广博，也不是说他是艺术家——艺术家是一种职业。之所以乔布斯会让人们想到达·芬奇，是因为他们都属于极少数能够跨越人文科学与技术的能人异士。事实上，这是乔布斯本人对苹果的定位。

乔布斯表示："我从来都不认为艺术与技术是相互分离的。达·芬奇是一位伟大的艺术家，也是一位伟大的科学家。我所认识的最优秀的十几个电脑科学家全都是音乐家。这些人很优秀，他们都认为音乐是他们生活的一个重要组成部分。我不认为各领域最优秀的人才只是将自己视为一棵枝丫繁多的树木的一条分枝而已。人们将所有这一切综合起来。"

"宝丽来（Polaroid）的兰德博士曾说过，'我希望宝丽来站在艺术与科学的交叉口'。我从来都没有忘记这一点。我认为这是有可能实现的，并且应该有很多人都曾经尝试过。"

第七节　扩大知识面，培养想象力

　　犹太裔美国人托马斯是畅销书《世界是平的》和《从贝鲁特到耶路撒冷》的作者，同时也是获得过三次"普利策奖"的世界知名记者。他在美国布兰迪斯大学主修地中海学，并在英国牛津大学取得硕士学位。毕业后，他以特派员的身份被派往贝鲁特工作，后来又在华尔街工作过。他的书籍总能深刻地反映出世界的变化趋势，这与他在贝鲁特的工作经历和对中东历史的了解是分不开的。将自己在某一个领域所熟知的知识与其他领域相结合，创造出新的价值，这就是"联结"的力量。

　　说到创新，乔布斯非常喜欢引用毕加索的格言："优秀的艺术家复制别人的作品，更优秀的艺术家则偷窃别人的作品。"

　　由此，乔布斯给出了两个创新关键字："借用"与"联结"。但前提是，你得先知道别人做了什么。正如哈佛商学院一位教授所说：突破性的创新鲜有发生于一个技术学科之内，或一个市场内，但几乎总是在创建了一个全新的交集后发生。

　　对乔布斯而言，创新最重要的就是创意，用独特的方式将不同的事物联系在一起。联结，需要涉猎多元文化与丰富人生经验。1994年，乔布斯在NeXT时期接受美国著名杂志《连线》采访时表示："创意就是将不同的事物联系在一起。如果你问富有创意的人他们是如何做某件事情的话，他们会觉得有点内疚，因为他们并没有真正地去做这些事情，他们只是将自己经历的事物联系在一起，然后加以综合，进而创造出了新的事物。他们能够做到这一点的原因在于同他人相比他们拥有更多的经历，或者他们对自己的经历进行过更多的思考。

"不幸的是，我们这一行业中的很多人都没有丰富的经历。因此，他们没有足够的点供自己连接，最终他们只能提出缺少对问题广阔思考的线型解决方案。对人类经历的理解越深入，我们就可以产生越好的设计。"

作曲家舒曼也有相同的看法："想要成为好的音乐家，一定要去研究拉斐尔的名画《圣母玛丽亚》；想要成为好的画家，也必须听听莫扎特的交响曲，这样才能够在其中获得通感。推而广之，如果演员学习了雕塑，他会更加容易地捕捉到动作；如果雕刻家去研究演戏，那么他的作品就会像演员那样活灵活现，充满活力。画家以诗入画，音乐家则是以画入曲。"为了把水井挖得够深，就要先把它挖得足够宽，这就是"联结"的力量，也称为"通涉"的力量。

杜甫说："读书破万卷，下笔如有神。"结果，杜甫写出了数百首脍炙人口的著名诗篇；爱迪生从11岁起就阅读了百科全书和牛顿的许多著作，后来做出了1000多项科学发明。由此可见，扩大知识面，有助于培养一个人的想象力。

想象多是在头脑中改造旧事物、创造新事物。而简单来说，头脑中的"旧事物"越多，可改造的也就越多。换句话说，就是孩子的知识面越宽，他的眼界也就越宽，他的想象也就会越丰富。

父母可以通过各种方式来帮助孩子扩大知识面，比如，增加他的阅读量和阅读范围，多为孩子买不同种类的书，让他通过书来了解更多的知识；或者可以带他去参观博物馆，让他用眼睛"记"住更多的东西，等等。这些方法父母也不用刻意去做，在生活中，父母只要有心，就能帮助孩子扩大知识面。

父母也可通过随机教育来扩大孩子的知识面。家庭教育是一种生活中的随机教育。换句话说，家庭教育的"一招一式"要时时注意培养孩子适应社会生活的需要，培养他们能够独立生活的本领。这种教育思想说起来简单，但做起来却常被一些家长有意无意地忽略掉，抑或出现偏差。家庭教育是一种生活中的随机教育。在教育孩子的过程中，我们要根据孩子成长特点，做出相应的教育策略。因此，父母要认识孩子成长的阶段性，教育的随机性要与孩子成长的发展性征结合。

第八节　犹太民族的健康智慧

14 世纪初，欧洲大陆曾爆发了一场罕见的瘟疫，短短数月间便席卷了中西欧全境，所到之处，人畜多亡。这场史无前例的瘟疫名为"流行性淋巴腺鼠疫"，俗称"黑死病"。这种瘟疫夺去了欧洲近四分之一的人口。然而瘟疫过后，人们却惊异地发现欧洲犹太人的发病率和死亡率远远低于其他民族。后来，医学专家分析说，犹太人之所以能够躲过黑死病的劫难，主要是因为他们平常形成的良好生活习惯和独特的养生常识。

人们都知道，世界上最会赚钱的商人就是犹太人，很多人都会将巴菲特、洛克菲勒和索罗斯等犹太富翁作为自己的财富偶像。然而，人们也许不知道犹太人并不是只知道赚钱的工作狂和守财奴。恰恰相反，犹太人平时很注重饮食、充分的休息和享受生活，很清楚"多工作"和"多休息"之间的利弊关系，很懂得保护身体的重要性。

如果有人问犹太人："假设你每小时可赚 80 美元，如果你每天多休息 1 小时，每月就少赚 2400 美元，每年就少赚 3 万美元，这值得吗？"

犹太人会不假思索地回答你："假如我一天工作 16 小时，每天可多赚 640 美元，但是我的寿命将减少 5 年，按每年收入 20 万美元计算，少活 5 年，我就会少收入 100 万美元。但是，倘若我每天休息 1 小时，我的损失仅仅是 80

美元，同时我将得到5年的每天7小时，现在我是60岁，倘若我按时休息可再活10年，那么我的损失只是28万美元，28万美元和我多收入100万美元比，孰多孰少？"

《塔木德》中有过这样一段话："你每一天的生活，都在潜移默化地影响和改变着你的生命尺度。对于胸怀大志的人来说，没有什么比拥有一个好身体更幸运了。如果你不能在每一天中都重视自己的身体健康，那么再好的身体也会慢慢变坏。反之，如果你每一天都能遵照下面的这些原则去做，那么即使虚弱的身体也会慢慢变得强壮。"

犹太人合理的饮食习惯有以下这么几条：

1. 饮食有度

犹太人饮食的"度"基本原则是："吃（胃的容量的）1/3，喝1/3，留下1/3的空。"

2. 正确的进食时间

犹太人认为，合理的进食时间是感觉到需要进食物的时候，"饥时食，渴时饮"。拉比曾这样忠告他的儿子："早起床，先吃饭，夏天是因为热，冬天是因为冷。谚语说得好，'早饭吃得早，比谁都能跑'。"

3. 正确的进食姿势

吃饭时犹太人是坐着的，因为犹太人认为，站着吃喝会毁坏身体。犹太人还认为，人吃饭的时候不应该讲话，以免把食物吃到气管里，危及生命。

4. 饮食应根据实际情况作适当调整

犹太人在旅行时，往往会减少饭量。旅行的人吃的饭不应超过在荒年正常的饭量，犹太人认为这可以避免肠胃不适。[1]

---

[1] 犹太人的健康智慧. 和谐健康报，2011. 11

大多数人的工作和生活方式都很不健康，吃饭无定时。尤其是一些拼命赚钱的商人。视时间如金钱，浪费时间就等于浪费金钱，休息就如同浪费时间……但犹太商人却很是不同，他们非常注重休息，认为休息好是健康最重要的保障。在周五太阳落山到周六太阳落山的时间段内，犹太人禁烟禁酒禁欲，禁绝一切杂念向上帝虔诚祈祷，24 小时与家人在一起，尽享天伦之乐。这对于修身养性、恢复精力大有益处。

犹太人的经典《塔木德》中有《健康八训》：

旅行：适当的旅行有助于转换心情，但多了就有危险。财富：适当的财富能消除对生活的担心，多了就会劳心伤神。性爱：适当的性爱能令人熟睡，多了引起精力衰退。劳动：适度的劳动令人身心健康，多了会生病。睡眠：适当的睡眠帮人恢复精力，多了使人懒惰。酒：少饮能减少工作压力，多饮容易酒后闹事。热饮：少量热饮可以促进血液循环，多了引起脉搏加速。药物：少量可以治病，大量就会中毒。

为了保持身体健康，犹太人还特别重视幽默感。幽默不仅是他们超越苦难的强大武器，也是他们保持身体健康和良好心态必不可少的调味品。当生活和工作中的压力太大时，犹太人认为，他们无法用泪水和无休止的呻吟来化解它，而幽默是抵抗痛苦、缓解痛苦、有效调节身心的最好办法。

第三章

难题的最佳解决办法

第一节　积极思考提高生活质量

在生活中，实际遇到重大困境的时候，也许并不很多。更加寻常的，则是每天无聊、沉闷和繁琐的生活。好像即使培养起积极的心态，也会被每天工作生活里大量负面的因素抵消掉。本来冲劲十足，豪情激荡，可是经过了许多不快和忧烦之后，却"其势不能穿鲁缟"，何谈行动和创造，何谈追求人生理想呢？这实际上是每一个人都会遇到的问题。如果单纯只以积极的心态，或者一股冲劲儿、一股狠劲儿来应对，结果恐怕并不会理想。积极思考又是何意呢？激励大师拿破仑·希尔说，积极思考就是抱着积极的心态来思考。这也很简单。把积极的心态和主动思考结合起来，使心态具有思考的深度，思考带着积极的明朗。

有位青年画家想努力提高自己的画技，画出人人喜爱的画。为此，他想出了一个办法。他把自己认为最满意的一幅作品的复制品拿到市场上，旁边放上一支笔，请观众们把不足之处指点出来。集市上人来人往，画家的态度又十分诚恳，许多人就真诚地发表自己的意见。到晚上回来，画家发现，画面上所有的地方都标上了指责的记号。也就是说，这幅画简直一无是处。这个结果让年轻人大吃一惊，也等于给他迎头一棒，于是他开始怀疑自己到底有没有绘画的才能。他的一个企业家朋友见状后就让他换了一种方法。

第二天，画家把同一幅画的又一个复制品拿到集市上，旁边放上了一支笔。所不同的是，这次是让大家把觉得精彩的地方给指出来。到晚上回来，画面上所有的地方同样密密麻麻地写满了各种记号。青年画家终于大彻大悟，经过努力最终在画坛上取得了成就。他终生铭记那位企业家朋友对自己的指点，那就是换个角度积极思考问题。

积极思考也就是进行乐观的思考。哈佛大学医学院曾进行过 104 项科学研究工作，研究对象达 15000 人。研究结果证明：乐观能帮助你变得更幸福、更健康，并且更容易获得成功；而悲观呢？正好相反，能导致你绝望、罹患疾病和步入失败。心理学家克雷格·安德森教授说："如果我们能引导人们更乐观地去思考，这就好比为他们注射了防止精神疾病的预防针。"研究人员解释说："你的才能当然重要，但相信自己必定能成功的想法，常常是决定成败的关键因素。"

习惯法则认为，不断地重复一个想法或行为，最终它就会成为一个新习惯。如果不断地以积极的方式思考和做事，就会完全控制自己的潜意识。很快，就会很容易、很主动地以这种方式思考和行动。凭借毅力和重复的力量，会养成新的思考和行为习惯。运用这个法则，完全可以成为一个积极的人，进而改变自己的生活。

很多研究结果证实，悲观者对现状的无力感会削弱人体自身的天然防线，也就是我们的免疫系统。美国密歇根大学的克里斯多夫·彼得森医生发现，悲观的人普遍都不会好好照顾自己。他们对生活的打击只能默默承受，认为自己无论再怎么做，都免不了生病，那些不幸的事总会降临在他身上。于是乎，悲观的人大都吃饭狼吞虎咽，不讲究营养均衡，不做健身运动，不去看医生，却从忘不了要喝酒。就是那种横竖都会死的念头，让他们尽情放纵，丝毫不在乎身体的保健之道。这种状况比较绝对，多数人都是兼有乐观和悲观想法的，而且也并非天生倾向于乐观之后就绝对只从乐观面思考。积极心理学之父塞利格曼说，这是一种"回顾过往"学到的思考模式。它是从千百次的警告和鼓励、千百次的责备和赞赏之中慢慢形成的。另外，若是累积了多次的"不准"和危险警告，会让儿童自觉无能、恐惧，最终走向悲观。

第二节　找到难题的最佳解决办法

　　1875 年初春的一个上午，亚默尔肉类加工公司的老板犹太人菲普力·亚默尔在报纸上看到这样的一则消息：墨西哥被怀疑有瘟疫。

　　亚默尔眼睛一亮：如果墨西哥发生了瘟疫，就会很快传到加州、得州，而加州和得州的畜牧业是北美肉类主要的供应基地，一旦这里发生瘟疫，全国的肉类供应就会立即紧张起来，肉价肯定也会飞涨。

　　他立即决定派人马上到墨西哥去实地调查。消息证实后，亚默尔立即集中大量资金收购加州和得州的肉牛和生猪，运到离加州和得州较远的东部饲养着。两三个星期后，瘟疫就从墨西哥传染到联邦西部的几个州。联邦政府立即下令严禁从这几个州外运食品，北美市场一下子肉类奇缺、价格暴涨。

　　亚默尔及时地把囤积在东部的肉牛和生猪高价出售，短短的三个月时间，他净赚了 900 万美元（相当于现在的 1.3 亿美元）。

　　下面是一则古老的犹太故事。

　　村子里发现一具童尸。一名犹太人立即被控杀了这孩子，罪状是用这孩子进行某种恐怖的仪式。

　　这名被投入监狱的犹太人，知道自己是替罪羔羊，在即将举行的审判中无望平反。他要求见一位拉比，并且也获准了。

拉比来到狱中，发现这人自认难逃一死而沮丧至极。拉比于是宽慰他道："天无绝人之路，若认为自己只有死路一条，就是为魔鬼所惑。"

"但我该怎么做？"这痛苦不堪的犹太人问。

"只要不放弃，你总有出路可走。"

审判当天，法官想让审判看起来很公平，像是给了被告机会，让被告证明自己清白的假象，于是对囚犯说道："既然你们犹太人信上帝，我就让上帝来决定这件事。我在一张纸条上写'无罪'字样，在另一张纸条上写'有罪'字样。你任选一张，由上帝来决定你的命运。"

果如这名犹太人所料，这法官在备妥的两张纸条上都写了"有罪"。就正常而论，我们会说，这犹太人脱罪的机会从百分之五十降到零，他不可能选中"无罪"，因为这样的纸条根本不存在。

这囚犯想起拉比的话，沉思片刻。突然间，希望之光在他双瞳间重新燃起。他抓起一张纸条将它囫囵吞了。法庭上的证人为之哗然："你为什么这么做？现在我们怎么知道你的命运？"

"很简单，"这犹太人答道，"只需看看另一张纸条上写的字，你们就知道我选了跟它相反的。"

如果在某种局限条件内进行观察，我们发现这个犹太人必死无疑。但他急中生智，另创新环境，让自己脱险的几率从零暴涨到百分之百。换言之，改造情势，带来旋乾转坤、颠覆现实的可能。[1]

一篇评论文章在回顾过去三十年的研究成果后发现，不太会解决问题的小孩和青少年（尤其是男孩）更容易欺负人，被人欺负或者又欺负人又被人欺负。家长们可以通过推广良好的解决问题的方法来帮助孩子避免在学校被人欺负或者欺负人。

1. 让孩子们自己琢磨。孩子们应该学习自己解决问题，常识和失败是必

---

[1]　［美］尼尔顿·邦德（著）．晴天（译）．犹太人思考术．天津教育出版社，2012. 9

要的。家长们可提供建议，但是不要什么都马上替孩子解决。

2．玩游戏。用棋牌游戏或者智力游戏，比如跳棋和国际象棋，来鼓励和培养孩子们理性地解决问题。

3．定规矩并严格遵守。一旦家长在开始公正严格地惩罚犯错的孩子，孩子就会明白做错事是有后果的。告诉孩子为什么他们被惩罚了，并且告诉他们下次他们应该怎么做。

4．很多思考是在行动中发生的。独立做事情，孩子就不得不去想解决办法。有时孩子畏难、过来求助。我们可以态度上支持，行动上有所保留。可以根据具体情况，给一些解决的思路，或者把任务分步骤，帮他承担点，给他留点。如果是他能够自己完成的事情，我们可以借口走开一会，拖延援助，回来看他自己做了，再肯定鼓励。

1978 年，洛杉矶市获得了 1984 年的奥运会主办权。一个月后，市议会通过了一项不准动用公共基金来举办奥运会的宪章修正案。洛杉矶市政府只好向美国政府求援，但美国政府明确表示不能提供一分钱。走投无路的洛杉矶市只好向国际奥委会申请，请求允许私人出面主办奥运会。这个请求前所未有，但是却获得了通过。于是，洛杉矶奥运会筹备组开始"物色"一个能在行政当局不贴一分钱的情况下办好奥运会的人选。

委员会"物色"的理想标准是，这个人年龄在 40～55 岁之间，在洛杉矶地区生活过，喜欢体育，具有从经济管理到国际事务等多方面的经验。经过一次又一次地筛选，最合适的人选就是彼得·尤伯罗斯，一位犹太商人。于是筹备组向犹太人彼得·尤伯罗斯发出了邀请。

尤伯罗斯觉得这是对自己一次重大的挑战，他欣然接受筹委会的邀请。他决定利用各竞争对手的竞争心理，提高赞助收入。

他想到，可口可乐和百事可乐历来是冤家对头。于是，尤伯罗斯向这两家公司抛出了 400 万美元的底价。在 1980 年的莫斯科奥运会上，百事可乐占了上风。所以，这次洛杉矶奥运会上，可口可乐决心要挽回自己的面子，一下子把赞助费提高到 1300 万美元。最终，可口可乐成了饮料行业独家赞助商。之后，尤伯罗斯又把目光对准了感光胶片的两位巨头：柯达公司和富士公司。他最终获得了 700 万美元的赞助。

尤伯罗斯还把心思转向运动会实况电视转播权。他以 7000 万美元的价格把奥运会的转播权分别卖给了美国、澳大利亚等国。此外，他还想出了出卖参加火炬接力跑权利、设立"赞助人计划票"、对旧有设备进行修缮等办法。

这届奥运会规模空前。一个月后的详细数字表明本届奥运会盈利了 2.5 亿美元。尤伯罗斯使得奥运会的举办扭亏为盈，扭转了奥运会的财政史。他对奥运会的用心经营也验证了犹太商人"金库是从心中变出来的"的著名观点。①

犹太人认为学习《塔木德》会对于解决问题有莫大的帮助。

希伯来大学的教授莱巴比奇是世界驰名的生物学家。他一有时间就研究《塔木德》。有个学生问他："老师，你研究《塔木德》对你研究生物学有什么帮助吗？"他回答说："是啊，它可以让我的思考方法时刻保持新鲜。"

与莱巴比奇相反，被称为维也纳智者的艾力亚博士常年研究几何学。他也鼓励别人研究几何学，因为他认为几何学的思考方法有助于理解《塔木德》。

---

① 犹太人笔记本里的赚钱秘密. 天天新报，2012. 5

第三节　做需要自己思考的事情

　　洛克菲勒这么说："我永远信奉做事越少，赚钱越多的真理。我的时间有限，我只去做那些需要自己思考的事情，这才真正是我经商致富的关键。"

　　人们常说：这个孩子有主见，思想有深度。说的都是思考能力强。独立思考能力或批判性思维（critical thinking）能力，指思想理性、客观，遵循逻辑，不盲从，有反思能力等特点。简而言之，就是掌握了合理的思考方法，能思考得更有效率。

　　让孩子多做一些需要自己思考的事情，可以帮助孩子在遇到陌生环境或问题时，能更好地应对、解决。我们常看到一些优秀生，各方面都优秀，学习也好、体育艺术也有特长、社会活动能力也强，他们的思考能力强是一个重要原因，他们在整理信息、解决问题方面都做得更有效。

　　同时，让孩子多思考也能让孩子有更健康的心理状态，因为很多心理问题都是始于不好的思维习惯、思维陷阱和偏差。

　　我们的教育导向不鼓励思考。为什么？因为我们大人都很着急，我们急于得到各种结果，容不得孩子思想闲逛，觉得那是浪费时间。我们把各种结果结论直接都给孩子，让他们消化了，然后我们继续给更有难度的结果和结论，再让他们去消化掉……我们可能都忘了，孩子自己本来就会思考，而训练他去思考的过程，就是好的教育。要让孩子多做需要自己思考的事情，要注意：

1. 多提供激发思考的机会

多给孩子机会让他表达自己，比如，让孩子写作文，跟孩子就某事讨论、辩论、谈判，让他申述理由，等等。任何表达都会促成思考。国外的孩子在学校里就有大量这样的机会，他们从小学开始，课堂上就经常有小组合作、讨论、辩论，作业也多是研究性质的。可以说，国外很多国家的整个基础教育就是培养批判性思维和创新思维的过程。我们学校里的机会少，家长就要多多补充。

2. 教给孩子思考技巧

比如，当孩子面对选择举棋不定时，我们可以告诉他，拿出笔和纸，画出表格，把事情的利弊逐条写下来。

当孩子对事情得出草率的、片面的结论时，我们提醒孩子，怎么避免思维陷阱、怎样推理论证、怎样寻求客观公正。而要想做到这些，我们大人自己也要多学习，跟孩子一起提高。

一个贤明的犹太商人，把儿子送到很远的耶路撒冷去学习，当他弥留之际，知道来不及见上儿子一面时，他立了一份遗嘱，上面写清楚，家中所有财产都转让给一个奴隶，"但是"要是财产中有哪一件是儿子所想要的话，可以让给儿子。但是只能一件。这位父亲死了以后，奴隶很高兴，认为自己交了好运，连夜赶往耶路撒冷，先到死者的儿子处，向他报丧，并把老人立下的遗嘱拿给儿子看。儿子看了非常惊讶，也非常伤心。

这个儿子抱怨之时，拉比告诉他，如果父亲知道自己死了，儿子又不在，奴隶可能会带着财产逃走，连丧事也不报告他。因此父亲才把全部财产都送给奴隶，这样奴隶就会急着去见儿子，还会把财产保管得好好的。奴隶的财产属于主人，你父亲给你留下的财产就是那个奴隶。

年轻人听了拉比的话恍然大悟，后来他照着拉比的话去做了，并解放了那个奴隶。

可以想象得到聪明的老犹太商人的遗嘱中装进了一个"但是"的自毁装置，严肃的遗嘱在形式上得到了履行，而在实际上，至少相对于那个奴隶来说，则是被完全废弃了。这就是多思考的魅力。

在古代以色列中有"读101遍比读100遍好"的说法。能一字不差地背诵《圣经》是学者们最引以为傲的事情。希伯来拉比曾经说过："一个成功的学者要手脑并用并且通过熟读和记忆来引发思考。"勤于思考对锻炼人的记忆是非常有帮助的。因此每个犹太父母在教育自己孩子时总会讲一些故事，告诉他们要勤于思考。

第四节　批判性思维需学会提问

许多人对于人类的各项发明是熟悉的，也是这些发明和创造的受益者，但是这些发明是如何诞生的，却不甚明了。对于许多人来说，牛顿、爱因斯坦、爱迪生这些名字是耳熟能详的，但对他们何以取得这些举世闻名的成就，却仅仅止于"苹果落地"这样的故事。事实上，可以说，人类所有的发明创造都有一个共同的基础，那就是批判——创造者的批判性思维。简单地说，就是要学会提问。

我们经常挂在嘴边的是"电视上说"、"报纸上说"、"网上说"，而唯独没有"我认为"。我们在被动地、不加批判地接受每天蜂拥而来的大量信息。这是一个可怕的趋势，久而久之，我们就不知道批判，去提问，甚至想不起来要去提问。

诺贝尔奖获得者、美籍犹太人赫伯特·布朗说："我的祖父常问我，为什么今天与其他日子不同呢？他总是让我自己提出问题，自己找出理由，然后让我自己知道为什么。我的整个童年时代，父母都鼓励我提出疑问，从不教育我依靠信仰去接受一件事物，而是一切都求之于理。我以为，这一点是犹太人的教育比其他人略胜一筹的地方。"

詹姆斯·杜威·沃森是1962年诺贝尔生理学及医学奖得主。他从小就很聪明，爱提问题，并且还会亲自实践，尤其是对生物遗传问题。

有一次到吃饭的时间了，可是沃森还没有回家，爸爸出去找他，发现他正一动不动地半蹲在一个鸡蛋上，爸爸很纳闷他为什么会有那样的举动，沃森说："母鸡是这样孵小鸡的，我想看看自己可以吗？我就拿了一只鸡蛋，估计一会儿就可以孵出来了。"爸爸听了大笑，但他立即意识到自己的态度是错误的，他先是肯定了孩子的质疑精神，然后给孩子讲清了道理。沃森正是在不断的质疑中，成长为一个科学巨匠。

大多数中国人对待孩子的教育，永远是以"听话"为前提，实际上父母亲完全有时间带孩子、教孩子，却让爷爷、奶奶带着孩子，父母一周看望一次二次，算是尽到了责任，而爷爷奶奶一般是宠爱有加、管教不力，在学习功课的辅导上，也是力不从心；或者是只重结果、不重过程，只告知结果，不告知方法。那么，孩子也只知道其然，不知道其所以然。

善于提问题，是孩子好奇心的体现。孩子提问题，说明孩子对问题感兴趣，父母珍视孩子的提问，是在保护孩子的求知欲，如果压制孩子的好奇心，那么，孩子的质疑能力就不会得到发展。

对待孩子的提问，父母要善于引导，注意拓展孩子的思维。如果孩子的问题自己稍微动脑就可以解答的，父母就不要直接给孩子答案，而要鼓励孩子自己去思考，否则孩子会养成什么事情都依赖父母解答的坏习惯。

另外，家长也要学会提问。家长问孩子问题要有技巧，难度要适当，要没有指责批评的潜台词，要有启发性，要具体。

如果你发现自己的问题多是"渴不渴？"、"饿不饿？"、"好玩不？"，那你就知道自己应该更深入了解他的生活。只有细心观察，多了解，才能提出对他有启发的问题。

比如，你问他"你觉得实际上小白兔会不会说话？"这个问题，他怎样回答其实无所谓，不同年龄有不同的认识，关键是这促使他去想。幼儿一般先是能分辨真假，然后在此基础上，开始会幻想、假想。问他"冰淇淋应该放冰箱的哪一层？"这是教基本常识。问他"看看你这些东西，收拾一下，哪些应放冰箱里？"这是帮他练习分类，练习运用已有知识去处理信息。曾有人漫不经心地逗女儿说："我去把冰淇淋热热给你吃行不？"她一边想一边笑，然后大喊"不行！"

第五节　向强大的权威表达自己的意见

有这样一个故事：四个男人站在街角。一个美国人，一个俄罗斯人，一个中国人，还有一个以色列人。一名记者走到他们面前说："打扰一下，请问你们对肉类短缺有什么看法？"

美国人问："什么是短缺？"

俄罗斯人问："什么是肉类？"

中国人问："什么是看法？"

以色列人问："什么是'打扰一下'？"

这个充满寓意的场景中，以色列人的疑问极为典型地折射出以色列人无视礼节、无惧权威、不加掩饰、挑战传统的群体特征。

犹太人爱因斯坦说他一辈子反对权威，不幸的是他自己也成为权威。犹太人的传统就是反对偶像派崇拜，而中国现在是崇拜名人、歌星和有钱人。犹太知识分子敢于向权力说真话。犹太人认为如果世界上所有人想法都一致，那就不正常了，和谐的基础是不和谐，只有所有人都保持自己的个性，社会才能真正和谐。大家要做的就是互相尊重和理解，让不和谐存在。大家彼此理解和尊重，才能真正实现和谐，而不是消除异端，让所有人保持一种思想，这是不正常的。

奥斯维辛的幸存者，1987年诺贝尔和平奖获得者威塞尔在应邀前往白宫接受由里根总统授予的国会金质成就奖章时发表了演说。由于里根总统出于冷战时期的政治和战略考虑，计划在访问德国期间造访埋葬有47名希特勒党卫队的比特堡军事公墓。接受奖章的威塞尔在演讲中对刚刚为其颁奖的里根总统进行了激烈的批评。他的这一做法在受奖活动中是极为罕见和不寻常的。威塞尔是一个将其生命力致力于"向权力说真话"的人，他拒绝沉默。他对里根总统这样宣称："根据我们古代的传统，我说的是犹太传统，它要求我们'对权力说真话'。"威塞尔在要求里根总统放弃计划中的访问后，以直言不讳的言辞对美国总统进言说："这不是政治问题，而是善与恶的问题，我们永远不能把它们混淆起来。"其向权力说真话的气概受到全世界的称颂。

在现在这个时代，老实和听话已经不是优点了，不要把孩子培养得很听话。但实际上，家长和老师在平时的教育中，还是很喜欢听话的孩子的，表扬和批评一个孩子时，也常常说这个孩子很听话，叫他做什么就做什么；那个孩子一点也不听话，让他往东他偏要往西。那么我们到底要不要让自己的孩子成为一个乖巧听话的孩子呢？

在信息传播迅速的今天，大概没有几个人不知道比尔·盖茨吧，但是恐怕也没有几个人知道汤姆·克鲁索吧。汤姆生于1955年，与比尔·盖茨同年出生。汤姆幼年时家境与盖茨相似，1963年小汤姆进入里奇景小学学习，就在这里他结识了盖茨，并与他一直保持着友谊。

汤姆父母只关心小汤姆是否乖巧听话，总是教育小汤姆言行要向一个绅士。进入小学，父母对小汤姆的教育很快收到了效果，几乎所有老师都喜欢这个乖巧的小男孩。

而汤姆的同桌比尔却是一个让老师头痛的学生，他很早就表现出一种不惧权威、乐于挑战的精神。

相同的成长环境，却有着不同的人生，也许，敢于挑战就是比尔可以突破一个又一个人生障碍最终达到顶峰，成为世界首富，而汤姆却一直默默无闻的原因吧。

向强大的权威表达自己的意见，可以促进整个人类的进步。

故事发生在 17 世纪的奥地利，主人公叫伊格纳兹·塞梅尔维斯，一名妇产科的见习医生，当时，他在维也纳的一家妇产科医院工作。

在医院里，塞梅尔维斯注意到有高达十分之一的产妇死于产褥热，而那些在自己家里生产的富家产妇，死亡比例却低得多。经过认真观察，塞梅尔维斯怀疑是医生造成了产妇的感染。因为他发现医生们常常在解剖完尸体后，就直接进了产房为产妇进行检查。为此，塞梅尔维斯建议，作为一项实验，医生们在接触产妇前先将自己的手洗干净。

本来，洗一下手对于医生来说，并不是什么难事。可塞梅尔维斯只不过是个见习医生，在一些人的眼里，是个小人物，可就是这个小人物，居然敢于挑战权威。再说，接受了建议，也就等于间接承认了产妇的死是医生造成的。权威们理所当然地拒绝了塞梅尔维斯的建议。

塞梅尔维斯依然坚持着自己的想法，并积极地向每一个医生提出请求。最终，医生们接受了他的建议，开始清洗自己手术后的双手。此后，产妇的死亡率下降到了百分之一。

但是，得罪了权威的塞梅尔维斯也从此遭到了打击和排斥。不久，他被迫离开了奥地利，回到了出生地匈牙利，在一所地方医院任职。一天，精神饱受折磨的塞梅尔维斯，在一起尸体解剖手术后，故意将手术刀扎进了自己的手掌。不久，他死于血液感染。

塞梅尔维斯死后两年，"消毒外科手术"就得到了普及，只是这一天他已看不到了。后来，医学界尊崇塞梅尔维斯是一位真正的英雄。

我们往往轻易就放弃了真理，是因为我们不敢向固定的习俗和强大的权威，表达自己的意见。即便跨出了第一步，往往却因为人微言轻，而不敢坚持。当意识到坚持将会付出代价，最终选择了退缩。生活中的真理，往往就这样湮没于我们内心的怯懦，而不是身份的卑微。①

---

① 查一路. 释然. 辽宁教育出版社，2009. 4

第四章

让孩子追求自己的梦想

第一节　儿童犯错误，上帝也原谅

有这样一个故事：牛顿醉心于实验，有一次一位朋友中午来看他，但就是等不到他，朋友和他开玩笑，把佣人给他准备的午饭都吃了，然后走了。待牛顿终于从实验室出来，看看桌上的残局，自言自语说："原来我已经吃过饭了"，然后离开饭桌，又钻进实验室。

天才因为太痴心于某件事，在生活中常常犯傻，做些令人发笑或令人生气的事，流传下来成为经典故事。可现实生活中出现这类人和事，却多被会看作"不用心"、"不聪明"，引起人们的不屑或生气。这一点尤其体现在儿童教育中。

绝大多数孩子在童年时代都会醉心于某件事。或者是用全部心思思考第一只小鸡是从哪里来的，以至于听不到妈妈三番五次叫吃饭的声音；或是玩得过分投入，忘了上厕所，尿了裤子；也可能读一本有趣的画册，忘记了写作业……一千个孩子会有一千件痴迷的事情，尽管这些事情在大人看来，是多么简单或毫无趣味。再加上孩子们的幼稚和缺乏生活经验，他们常常会做出一些令人啼笑皆非的事，甚至闯一些小祸。

大人用什么态度对待孩子的这些小"不是"，这不是件小事，因为这会对孩子产生深刻的影响。

还有一些被强加在孩子身上的"缺点"是这样来的，被誉为"中国教育界领军人物"的王金战进行了这样的总结：

1. 把所有孩子共有的特点当成自己孩子独有的缺点

有很多家长是把所有孩子共有的特点当成自己孩子独有的缺点来批评，自然对孩子是不公平的。例如，家长常说："我的孩子就是马虎！"我问"何以见得？"家长回答："他总是把会做的题目做错。"且不说这个"总是"用得多么武断，单纯是把会做的题目做错这件事，就是把所有学生共同的特点当成了自己孩子的缺点。

2. 错把优点当成缺点

还有些家长干脆就是把优点当成缺点来批评了。例如，很多家长抱怨自己的孩子没有毅力，因为孩子经常制订学习计划，却经常完不成。制订学习计划是一种非常积极向上的心态，但完不成计划几乎是普遍的。如果因为制订了计划没有完成就指责他说话不算数，就是把优点当缺点来批评了。这样批评的结果可能是孩子连计划都不制订了，免得挨批，这才是真正的悲哀。

3. 硬被家长施加的缺点

有些缺点是家长无理派给孩子的。例如，有些家长要求孩子每天晚上学习两个小时。但对于一个 14 岁的孩子来说，他如果能集中精力学 30 分钟，就该有一段休整。家长却一厢情愿地要求孩子一次至少学习两个小时，这本身就违背客观规律，自然难以实现。

所以家长感到孩子有缺点时，还真要想一想这种感觉是否正确。如果真的是孩子有缺点，那就更不应该简单了事，脱口而出的批评只能加重孩子对家长的反感，从而使其在缺点的道路上越走越远。①

孩子由于拥有的知识不够丰富，加上逻辑思考能力不成熟，因此常常无法

---

① 王金战. 培养最具竞争力的中学生. 北京大学出版社，2011．7

做出正确判断。但随着身心成长及知识增加，孩子也将拥有做出正确决定的能力。在这个过程中，经验的累积很重要，也就是孩子必须有机会练习如何做决定。但在练习的过程中一定会做出错误判断，这些错误的经验将是孩子做出正确决定的基础。

孩子犯错时，要坚持一个基本原则："儿童犯错误，上帝也原谅！"儿童所犯错误，一般达不到道德层面，因此不需要大动干戈，不要轻易指责，尤其不能喋喋不休、责骂不止。而是应和孩子一起分析错误的成因、根源，制订解决问题的对策，让孩子自我纠错。

向孩子明确自己的基本态度：犯错误是不可避免的，也不是不可原谅的。孩子只有解除了后顾之忧，才能大胆地、积极地、自主地探索这个他不了解的世界，才能把自己的行为坦诚地和父母交流。孩子犯了错误，父母应当认真倾听孩子的诉说，搞清过程和当时孩子的所想所行，切不可武断粗暴，用主观臆想代替了事实真相，这样才能找出问题和原因所在，给孩子提供有效的技术帮助。

孩子的成长，是一个不断犯错、不断改善的过程。父母要培养孩子能够反省自己错误的能力，这比父母或他人指出其错误再改正，效果更好。每个人都会犯过失，但过失可以教给人的，却是人在其他地方都不能学到的。孩子有时并不知道自己所认识的东西是错误的，也未必明白自己做错了事。

欣赏孩子不是只赞赏他的优点，更是如何看待他的缺点。

第二节 "失败"的经验同样可贵

杰克·坎菲尔德是美国著名儿童心理学家。一次他在谈到教育孩子的问题时，讲了三个故事。

第一个故事与他的女儿有关：有一次，他和妻子、女儿一起出去吃饭。席间，7岁的女儿碰翻了装满饮料的玻璃杯。她自个儿把桌子擦干净，说："爸爸妈妈，我真想对你们说一声谢谢，因为你们没有像别的父母一样。我的朋友如果犯了这样的错误，他们的父母就会对他们大喊大叫，批评他们做事如何不小心。你们没有这样做，谢谢你们。"

第二个故事：一次，他和几位朋友聚餐。席间，发生了同样的事情，一个朋友5岁的儿子碰翻了一杯牛奶。孩子的父亲正要出语指责，杰克见状赶忙故意碰翻了他面前的酒杯。他一面收拾残局，一面自嘲，说自己已经48岁了，还是这样不小心，仍然有把东西碰翻的时候。那孩子在一旁露出了笑脸。孩子的父亲也领会了杰克的意思，对孩子未加指责。

有时候，大人们的确容易忘记，人生本来就是一个学习的过程。这两则故事中的大人都知道，对于成长中的孩子来说，没有所谓的"犯错"，只有"经验"。成长是一个"错了再试"的过程，"失败"的经验和"成功"的经验一样可贵。

第三个故事是有关科学家斯蒂芬·格伦的。近年来，斯蒂芬·格伦在医学领域的多个方面均有重大突破。当采访他的记者问，是什么让他具有普通人不及的创造力时，他提到了幼年时的一段经历：

那天，他试图从冰箱里取出一瓶牛奶，取出后刚走几步就失手将奶瓶掉落在地上，顿时厨房里一片狼藉！

他的母亲闻声而来，然而，她没有发火，没有说教，更没有惩罚他。她说："哦，我从来没有见过这么多的牛奶洒在地上，真有意思啊！好了，反正已经洒在地上了，在我们收拾干净之前，你想玩一会儿吗？我想，玩牛奶说不定也是很有意思的。"

他真的就玩起了牛奶。几分钟过后，他的母亲说："牛奶是你自己洒在地上的，也应该由你来收拾干净。现在，我这儿有海绵、抹布和拖把，你想用什么？"他选择了海绵，他们一起将地上收拾得干干净净。

接着，他的母亲又说："刚才你拿牛奶瓶没拿住，这说明你还没有学会如何用一双小手拿一只大奶瓶。现在，我们到院子里去，看看你能不能发现一个很好的搬运方法，使瓶子不会掉落到地上。"他通过反复实践，知道如果他用双手握住瓶口的地方，则瓶子在搬运过程中就不会掉下来。这是多么生动而又内容丰富的一课呀！

这位著名的科学家后来回忆说，正是从那个时候起，他明白了无须害怕犯错误，错误往往是学习新知识的开始。科学难题也是在经过一次次失败的尝试之后，最终找到正确的解决方法的。①

孩子毕竟只是孩子，什么事情没做好，只让他感受因此带来的不便，就已经够了。孩子每有一种失误，感受到失误带来的不便或损失，才会产生相应的调整需求，就像渴了自然想喝水一样。这种调整需求是每个正常孩子都会有的。家长不生气，不过分指导，孩子才能有机会主动调整。如果孩子一做错，家长就批评孩子一顿，要求他做出什么保证，或者由家长直接给出一个解决方案，那孩子就失去了主动调整的机会，这种调节能力也会慢慢丧失掉。可以

① 邓笛编译. 孩子犯错误以后. 读者，2007.（21）

说，致使儿童无法养成好习惯的"最有效方法"就是：命令、唠叨和指责。所以当家长责怪孩子某个习惯不好时，首先应该反思自己的教育方法。

美国明尼苏达大学的丹·加特来博士分析了儿童错误行为的三种水平：第一种水平是尝试水平，这是错误行为的最温和的形式。在这一水平，孩子表现出某种行为是在试图学习如何行动，是在试验四周环境对自己行为的反应。父母在家里经常会看到有的孩子一边犯错误（如拿不能玩的东西），一边用眼睛偷看大人。这时父母必须严厉认真地做出反应，告诉孩子不能玩这种危险的东西。父母虽不能过于严厉，但也不能放任，因为父母的任何笑意会让孩子获得错误的信息，认为父母并不反对他玩不可以玩的东西。第二种水平是社会习惯水平。孩子学习或表现出某种错误行为是因为他们错误地认为这样做是对的，因为他们看到同伴这样在做，或在某种场合他们曾观察到类似行为。例如，有的孩子说脏话，他并不觉得自己是在说脏话，因为他爸爸生气的时候常说这些话。这时父母不能因此而惩罚孩子，而要告诉孩子应该用其他词或其他方法来表达自己的愤怒。第三种水平是情感需要水平。孩子在生活中碰到不如意、不顺心的事情时，他们常以激烈的方式对外界做出反应，以宣泄自己的情绪。这时父母应把注意力放在理解孩子压力感的真正来源以及如何帮助孩子对压力做出正确的反应上，而不应把注意力放在孩子说的脏话和做的错事上，去惩罚孩子。[①]

---

① 姚伟张，宪冰. 如何对待幼儿的错误行为. 幼儿教育，2001. 12

第三节　不要全盘否定孩子

"赎罪日"是犹太教的一个重大节日，其实，这个节日从本质上讲，是犹太人承认自己人性弱小的一种表现。他们认为，一个人只有敢于正视自己的弱点，才可能去接受别人的批评。相反，如果自认为自己是很完美的人，那么他对任何人的批评都会不屑一顾。

犹太人认为，接受批评与接受表扬同等重要，只有经常接受批评，才可以有较强的社会适应能力，才可能形成较强的承受挫折能力。犹太父母在孩子很小的时候，就开始培养孩子接受批评的能力。

其实，如果我们了解孩子在不同的年龄段对批评的接受方式，就完全可以根据他的承受能力，进行适当的批评。并且，在孩子做错事时，明确地告诉他"这件事你做得不对"是非常必要的，不能因为担心伤害，就不批评、不管教。

由于犹太父母对孩子的正确教育，使得犹太孩子的承受能力很强，他们把接受别人的批评看成完善自我的一种方法。当他们听到别人在谈论自己的缺点时，从来不会急于去辩护，而是大声地对批评者说："如果你们知道我的其他缺点，只怕还要批评得更厉害！"

在孩子成长过程中，批评是必不可少的。家长在批评孩子时，一定要注意：

1. 批评自尊心强的孩子，最好是单独进行，不要让孩子当众丢脸，不要伤害孩子幼小的心灵。

2. 批评的重点是对事不对人，不要过分强调孩子的过失，重点应该放在如何帮助孩子改正上。

3. 只谈眼前，不翻旧账。做错的事已经批评过了就应该"结案"了，不要老是记着孩子以前不好的地方，让孩子觉得他在父母面前永远无法翻身。孩子正处在学习做人的过程中，父母要原谅孩子的过错，动辄翻老账，这样很伤孩子幼稚的心，孩子是不会接受的。

4. 批评孩子之前要让自己冷静下来。孩子犯了错，特别是犯了比较大的错或者屡错屡犯时，做家长的难免心烦意乱，情绪波动会比较大，很可能会在一时冲动之下对孩子说出不该说的话，或者做出不该做出的举动，这都可能会对自己和孩子产生极为不良的影响，有人甚至因此而酿成千古大错。因此，不管孩子犯了什么样的错误，在批评孩子之前，家长一定要强迫自己冷静下来。只有冷静，才能对孩子所犯错误有一个客观公正的评判，才能有利于问题的解决，才能帮助孩子找出犯错的原因和改正错误的方法。

5. 父母批评孩子时切忌言语繁复，而是要简明扼要，找准错误的要害，严肃认真地进行教育。

6. 孩子的同一错误，绝不可因为父母亲的情绪时而批评、时而放任，这样只会使孩子难辨是非。

7. 批评孩子要给孩子申诉的机会。

导致孩子犯错的原因是多种多样的，有孩子主观方面的失误，但也有可能是不以孩子的意志为转移的客观原因造成的。从主观方面来说，有可能是有意为之，也有可能是无心所致；有可能是态度问题，也可能是能力不足，等等。所以，当孩子犯错后，不要剥夺孩子说话的权利，要给孩子一个申诉的机会，让孩子把自己想说的话和盘托出，这样家长会对孩子所犯的错误有一个更全面、更清楚的认识，对孩子的批评会更有针对性，也让孩子能心悦诚服地接受自己的批评。

8. 不要以为一次批评，孩子就会彻底改正。如果孩子重犯错误，要坚持耐心说服教育。因此，家长批评孩子，不妨每天只说一两次，不要逢事就说，因为有的错误，孩子可能马上就能自己明白，不说也罢。而对于重大错误，在批评时也应该注意两点。一是冷处理。即家长在批评孩子时，不妨放低声音，或采取沉默，这比高声大喊要更有效果，孩子反而会更紧张，会感到"不自在"，进而反省自己的错误。第二是要趁热打铁。因为孩子的时间观念比较差，昨天发生的事，仿佛已经过了好几天，加上孩子天性好玩，刚犯的错误转眼就忘了。如果觉得孩子做的错事必须批评，那么别拖拉，马上就说，否则就起不到应有的教育作用。

9. 只要孩子领会了批评的意思而又有悔改之意，就要原谅他，终止批评。每次批评都应该以爱护孩子、培养孩子良好行为为出发点，并充分相信孩子能改正错误。

10. 家长的批评一定要针对具体的事情，比如，孩子回家后又忘记洗手，我们应该告诉他，我们每个人回家后都要洗手，不洗手是不对的，而不要扩大到其他事情上。而当孩子的错误举动涉及人际关系时，最理想的方式是用两个步骤去"完成"一次批评：先把自己对于孩子某个行为的感受直接告诉他，然后，平静地告诉孩子，你知道他是一个好孩子，只是这次做错了。

11. 批评过后要表达对孩子感情依旧。批评过后，父母不要一直板着脸说话或不理睬孩子，如果本来打算和孩子一起出去玩，也不能以孩子今天做错事为理由不带孩子出去。要让孩子知道，做错了事应该受到批评，但父母不会因为他做了错事就不爱他，而希望他更茁壮成长起来。

批评孩子除了掌握以上的技巧，结合孩子的年龄也是很重要的，同样的事，对不同年龄的孩子，好的批评方法也是不同的。

2 岁以下，不主张直接批评。

桌上一杯温开水，被孩子一不小心碰到了，这时候，任何形式的批评和紧张，例如，"怎么这么不小心？"、"烫到没？"都是不适合的。最好的做法是，把孩子抱开，收拾好桌面，父母要提供一个安全环境，为孩子的不小心犯错负责。

3~5 岁，直接告诉孩子结果。

让孩子自己体会行为的后果，分两种情况，一是像打碎杯子之类的小事，你可以告诉他："看，杯子碎了。"而另外一种情况是人际之间的纠纷，比如，孩子和小朋友打架了，你可以告诉他："被打是会痛的。"对 3～5 岁的孩子，批评时最好不要加上正确或错误的评价，让孩子给自己打上"我很坏"、"我就是不会做事"的标签。

6 岁到小学期间，适当惩罚。

6 岁后的孩子犯错时，适当的惩罚是可以的，但一定要提前约定规则。比如，孩子上同学家玩，你跟他约定好，"6 点回来吃饭，如果没回来，星期六就不可以出去了"。如果孩子一个没忍住贪玩回来晚了，告诉他事先说好的惩罚。"好吧，这个星期六不出去了。"不要没讲好任何规则，事后就直接惩罚孩子。①

---

① 批评孩子的六个技巧. 中国新闻网，2009. 12

第四节　尊重孩子的天性

一些孩子不愿意与家长交流，是出于自我保护的目的，为的是免受父母的伤害。做父母的一定会辩解：我怎么会伤害孩子，我做的一切都是为了他好。正是这个"为他好"才让孩子吃尽了苦头。就像一位孩子在日记中写的："他们对我的生活照顾得无微不至，什么也不让我干，但是我真正想要的、想干的，他们并不了解，也不感兴趣，他们只是希望我好好念书，除了念书什么也不让做。"而这种做法恰恰伤害了孩子，因为孩子已经长大了，有了独立的思想、意识、渴望，而父母对孩子的想法、做法每每抱以不尊重、轻视甚至呵斥，都会深深地刺伤了那正在长大、渴望成熟的心。

孩子是活生生的人，他不是父母的附属物，他遇事有自己的想法。孩子的意见是他逐渐成长的表现和标志，应该予以尊重、理解和鼓励。

父母所需要做的是寻找机会与孩子进行平等交流，而不是选择指责式的"唠叨"。尽管父母有教育子女的权力，但权力不是等级。孩子渴望受到尊重和理解，父母只有放下长者的架子，蹲下身来，与孩子进行平等、耐心的交流和对话，倾听孩子的心声，使孩子感觉与你没有距离感，才能在最大程度上使自己的意见被孩子理解和接受。

一般父母习惯站在自己的角度对孩子的行为做出评价，约束孩子的选择。

若是长此以往，父母会很累，因为渐渐地孩子就会丧失自我决定与负责任的能力。今天社会变迁迅速，孩子将来要面临多种选择和决定，能力的缺乏只会带来恐惧、紧张。台湾心理学家黄月霞认为："儿童有这方面的训练，在面对心理压力前，将会有较少的焦虑和恐惧，较能想出种种答案。"

"问题解决技巧在日常生活中也同样重要。人生永远离不开问题，如果能不为问题所屈服，问题会使生活更有趣。如果我们知道如何去解决问题，问题反而成为令人兴奋的假想敌人。真正快乐的人并非是没有问题的人，而是知道如何去解决问题的人。"

若是你尊重孩子对自我世界的决定，那么，他会因而发展出自我约束能力，从而会有一种成就感、自我价值感和责任感，这对孩子的一生来说都是很重要的。

对每个人来说，只有自己才能真切地决定未来的一生如何度过。所以，不要尝试去干涉孩子对自我生命的决定！①

---

① 张剑萍. 穷养富养不如用爱养. 东方出版社，2010. 12

第五节　选择恰当的沟通方法

现在的许多父母都有这样的困惑，为孩子操碎了心，可是孩子就是不听家长的话。如果说父母也是一种职业的话，那它应是世界上最难的职业。因为它没有岗前培训，没有岗中培训，既不能辞职，也不能退休。"做妈妈的凭什么教育孩子？凭经验吗？哪里的经验？有一天我们的孩子得了重病放到了手术台上，妈妈对孩子说：'我是世界上最爱你的人，我会付出全身心的努力把这个手术做好，但是我不是专业人士。'这多可怕！实际上很多家长每天都在做这种可怕的事情。做父母的需要不断地学习，尤其要学习与孩子沟通的艺术和技巧。沟通的品质决定亲子关系的品质，只有把沟通这门功课做好了，才能与孩子建立良好的亲子关系。

犹太民族是一个企图揭示自然和人类秘密的哲学家民族。为此，思考宏观的、深层次的问题，探索抽象的、具有逻辑性的真理自然而然成为了犹太人家庭教育的核心。正是基于这种认识，犹太家庭特别注意和孩子的思想交流。在犹太人的家庭中孩子不仅会受到成人的教诲和指导，还可以得到与成人谈话和讨论问题的机会。偶尔成人还会和孩子们纠缠个没完，意在引导他们投入到学习与研究中去。无疑，犹太人出名的口才和智力测试中的高分，同这一点不无关系。

和孩子交流，可以及时地掌握孩子的思想动态，帮助孩子学会正确处理生活中遇到的问题，同时能通过语言把自己头脑中的经验、思想比较准确地传达给孩子。那么父母和孩子谈心时要注意些什么？怎样才能让沟通更有效？

1. 选择恰当的沟通方法

孩子的性格各有不同，这就需要父母根据孩子的特点，选择适当的谈话方法。一般来说有两种方法：直叙法，即父母直接向孩子表明自己的态度，其特点是快捷，但只适合于性格比较外向的孩子；间接法，即向孩子讲一个小故事或引用一个事例等，引起孩子谈话的兴趣，然后顺势引导到谈话的主题上来。

2. 寻找适合的谈话时机

孩子自身和周围环境里随时都可能发生一些事情，如果抓住典型事件，及时交流思想，其效果要比平时好，孩子也比较容易听得进。一般来说，家长会之后是孩子们最急于和父母谈话的时候，如果能抓住这个机会，就可以了解孩子的很多情况。

3. 制造融洽的谈话气氛

很多父母平时和孩子思想交流很少，发生了问题之后就严厉训斥孩子，久而久之，感情距离渐渐拉大。为此，与孩子交谈，一定要制造一种和谐的气氛，说句笑话，讲点令人高兴的事情，拉近了感情距离，效果就会好得多。

4. 表现亲切，解除沟通中的戒心

要表现出对子女的爱心，使孩子乐于接受谈话，避免使孩子处于防御戒备心态。"我们来谈谈吧。"这样孩子会想："又来给我上政治课了。"或者说："你真是个糊涂虫"，"看我怎么来教育你！"这样，孩子只能层层设防了。如果对立情绪较大，可采取"冷处理"的方法，暂时延缓谈话，或者"曲线交谈"，从另外的事入手。如果孩子有事需要谈，可以放下手中的事情，倾听孩子的心声。

5. 抓准谈话的主题

针对孩子的什么思想，解决孩子的什么问题，要做到胸中有数，在谈话时，围绕主题进行双向交流，使孩子有所得。如果遇到了敏感的问题，也不要回避。对于不宜直接说的，可以采取侧面启发的方式，不要态度暧昧，使孩子感到无所适从。

世界银行儿童早期发展小组成员杨一鸣博士曾介绍过美国的一项新研究，发现与新生儿面对面交流的时间越多，孩子在 3 岁时认字越多。伦敦语言和听力中心的专家发现，在婴儿 9～13 个月大时，父母与婴儿的谈话方式对他们日后的智力发展至关重要。

因此，孩子 3 岁前，家长要多与他们面对面交流。美国儿科医学会提醒父母多跟孩子说话，平静、充满安抚的声音正是他所需要的，会让他感到安全。美国语言听力协会呼吁父母，通过对孩子的注视，模仿他的发声、笑声和面部表情来增强亲子交流。不妨你正做什么，就说什么。比如和孩子说你要去哪里，会做什么，可能看到什么人和物品。最好抱着孩子，让他感到与爸爸妈妈皮肤的接触。孩子想和父母说话时，应给予完全的关注。比如孩子想要喝东西，他会指点他想要的东西，大人要问他："你要水、牛奶还是果汁？"耐心等他的回应后，你再一次强化："哦，你想要牛奶。"

要提醒家长的是，重复模仿婴幼儿不正确的发音会让他搞不清楚到底谁在学说话。要教给孩子正确的词语，若孩子使用婴儿语，家长可以重复这个词，随后立即使用正确的词。

第六节　让孩子追求自己的梦想

任何人，无论是大公司的首席执行官，还是当权的政治家，抑或颇具影响力的金融家，都没有父母需要做的决定多，也不如父母面临的头痛多。最令父母们棘手的决定之一，就是何时、何地、如何让宝贝儿开始进行自己的选择。

当不会走路的孩子还在我们怀里吃奶的时候，一切似乎都那么简单，我们几乎可以替他做出所有的选择和决定。我们决定他什么季节该穿什么衣服，我们决定他什么时候该洗澡，我们甚至决定给他玩什么，带他去什么地方。

而当孩子学会走路、学会说话之后，事情就没那么简单了。个性逐渐萌生、自我意识日渐强大的小家伙们，颇有自己的主意，什么都喜欢做主，尽管在我们成年人看来，他们的很多选择令人哭笑不得。

请父母们做一个选择：

1. 事事替孩子想周到，从不让孩子动脑筋思考。

2. 给孩子营造充分的思考空间，让孩子大胆去想，认真倾听孩子的想法。

这两种爸妈，你想做哪一种呢？虽然爸妈的思想比较成熟，有时需要用自己的思想影响孩子的思想，但也别急着下结论，把你的想法和孩子的想法进行比较吧，分析出哪一种想法更靠谱，让孩子知道选择正确想法的原因。最后让孩子能真正独立思考。

来看看立体画派创始人毕加索的故事：

毕加索讨厌课堂上老师教的那些枯燥的东西，他的眼睛总是盯着老师的挂钟，盼望那该死的指针能走快一些。

"先生，我要上厕所。"

"不是刚上课吗？"被打断讲课的老师不耐烦说道，"去吧！去吧！"毕加索走出教室，东瞅瞅西看看，实在无处可去，便又走回了教室，但没过一会，他又坐不住了。"先生，我能为你画像吗？"他脱口而出。"什么？你给我画像！"老师气坏了，瞪着他说："去吧，去吧，上厕所去吧。"

毕加索在课堂上捣乱的事被父亲知道了，父亲并没有批评他，"孩子，你真的想画像？"毕加索说："是的，我讨厌上课，只想画像！"父亲说："好吧，我送你去学画像，但是，你要答应我除了学画像，其他的科学文化知识也不要拒绝学习。"父亲把毕加索送到了当地有名的美术学校。对于美术，毕加索所表现出的耐力是惊人的，他可以一连画几个小时不放画笔，与在课堂上的表现判若两人。看到孩子对美术所表现出来的热爱，父亲便决定让毕加索一直在美术学校学下去，不再把他送到他只想旷课的学校。兴趣是最好的老师，孩子对某种事物产生了浓厚的兴趣和热爱，这是一种天性，说明孩子在某方面有着别人所没有的潜力和优势。作为父母，应该支持孩子对他感兴趣的东西进行学习、探索和研究，而不是粗暴地干涉。如果孩子的兴趣在音乐上，你强迫孩子去学法律；孩子喜欢画画，你却认为学计算机有前途……不尊重孩子自己的选择，不善待孩子的兴趣，结果会怎样呢？那些不感兴趣的东西，孩子没心情学，学不好，而孩子自身的潜力也被埋没了。我们缺少的不是毕加索，而是缺少毕加索的父母。[①]

尊重孩子的选择，是让孩子学会独立生活的前提。篮球明星乔丹的妈妈曾深有体会地说："在对孩子放手的过程中，最棘手的问题是让孩子去追求自己的梦想，自己做出决定，选择与我为他们设计的不同的发展道路。"

一般父母习惯站在自己的角度对孩子的行为做出评价，约束孩子的选择。

① 沧海明月. 犹太人智慧大全集. 中国华侨出版社，2011. 1

孩子是活生生的人，他不是父母的附属物，他遇事有自己的想法。孩子的意见是他逐渐成长的表现和标志，应该予以尊重、理解和鼓励。例如，孩子主张要穿什么样的衣服，这说明他已有自己的审美观点和情趣，只要不是太出格，就让他去穿，父母不宜用自己的标尺来控制和干涉。否则，长此以往，孩子会认为他的想法总是被大人们忽视，而为了证明自己的存在，为了引起父母的注意和重视，他可能会变得越发倔强叛逆，不愿与父母交流沟通。

诺贝尔文学奖获得者、以色列女作家戈迪默在谈到自己民族的家庭教育时，说过这样一句话："我们的家庭教育是民主的、开明的，父母在教育上首先是尊重孩子的选择，而从不强迫孩子按照自己的意愿去学习。"是的，戈迪默说得没错，在对待孩子的选择上，犹太人是比较民主的、开明的，尤其是对待孩子的兴趣上。

父母尊重孩子的意愿，不仅可以进一步锻炼孩子的动手能力，还可以增进亲子关系的和谐。孩子虽然年纪小，但是也有自己的尊严和独立人格，作为父母，要尊重孩子独立生活的意愿，只要不涉及到原则性的问题，就给孩子充足的自由，让孩子自己做决定，给孩子独立生活的机会，这样，孩子才会成长为独立、有主见的人。

独立的行为是靠独立的思想来支撑的。歌德说过："谁不能主宰自己，谁将永远是个奴隶。"

如果孩子思想上对父母非常依赖，那么就不要指望他在行动上会独立。当孩子遇到困难时，父母不要直接替孩子去做，而要引导孩子学会独立思考，间接地教给孩子正确的做法，让孩子自己去体验、去选择。

第五章

赏识在细节上

第一节　夸孩子不能夸性格

有一位到北欧某国做访问学者的人曾经历过这样一件事：

周末，她到当地的一位教授家中做客。

一进门，她就看到了教授 5 岁的小女儿。小女孩满头金发，漂亮的蓝眼睛让人觉得特别清新。她不禁在心里称赞小女孩长得漂亮。

当她把从中国带去的礼物送给小女孩的时候，小女孩微笑着向她道谢。这时，她禁不住夸奖道："你长得这么漂亮，真是可爱极了！"

这种夸奖是中国父母最喜欢的，但是，那位北欧教授却并不领情。在小女孩离开后，教授的脸色一下子就阴沉下来，并对中国访问学者说："你伤害了我的女儿，你要向她道歉。"

访问学者非常惊奇，说："我只是夸奖了你女儿，并没有伤害她呀？"但是，教授坚决地摇了摇头，说："你是因为她的漂亮而夸奖她。但漂亮这件事，不是她的功劳，这取决于我和她父亲的遗传基因，与她个人基本上没有关系。但孩子还很小，不会分辨，你的夸奖就会让她认为这是她的本领。而且她一旦认为天生的漂亮是值得骄傲的资本，就会看不起长相平平甚至丑陋的孩子，这就给她造成了误区。"

"其实，你可以夸奖她的微笑和有礼貌，这是她自己努力的结果。所以，"

教授耸耸肩说，"请你为你刚才的夸奖道歉。"

中国的访问学者只好很正式地向教授的小女儿道了歉，同时赞扬了她的微笑和礼貌。[①]

事实上，夸孩子不能夸人品或性格。

在美国，一位中国人小王去她的美国同事犹太人珍妮家做客。一进门便看见珍妮的儿子科特在院子里帮着妈妈除草，小家伙干得十分起劲，草也弄得很干净，而且一点也不偷懒，于是小王便走过去赞扬他道："你太懂事了，真是一个好孩子，棒极了！"没想到听完小王的这番话后，珍妮却皱了皱眉头。

又有一次，小王和珍妮一家人外出吃饭，在饭桌上，科特说自己这次考试5门课程，有4门都得了相当满分的A，小王连忙夸他说："你真聪明、真厉害呀，将来一定考上哈佛。"

小王本以为，珍妮听到自己对她儿子这番夸赞，一定会非常高兴，心情大好。但没想到，珍妮并没有表现出多高兴的样子，而是立即对科特说："你很努力，妈妈为你感到高兴！"

第二天珍妮跟小王说："请你下次千万不要表扬科特。"小王一愣，好多父母都恨不得外人天天表扬自己的孩子，珍妮为什么拒绝呢？"你是怕我的表扬让科特骄傲起来吗？"小王忙问。

"当然不是。"

"那是为什么呢，难道是我表扬得不对吗？"

"我觉得是有些问题。"

珍妮解释说："你如果要表扬和称赞他，应该表扬和称赞他所做的事，就事论事，而不是他的人品或性格。比如，当你看到科特帮助我除草时，可以表扬他草锄得很干净，活干得很不错，这是就事论事，而不是上升到表扬他真懂事，很棒，是好孩子，这两者没有因果的必然关系。"

"这有什么区别，为什么人品或性格就不能夸赞呢？"

---

① 你犯错了！请不要夸奖孩子漂亮. 摇篮网，2014. 2

　　珍妮解释，如果你采用后者的话，次数一多，孩子便会真觉得自己很棒、很聪明，但事情往往并非如此，如果当某天，他碰到了自己解决不了的问题或困难，比如，下次考试没有考到好成绩，也没能进入一所名校，便会大受打击，发现自己不很棒，也不聪明，这种感觉会让他无比失落，也会觉得你之前对他的表扬和称赞都是不符合事实，虚假的。等你下次再夸赞他最棒和聪明时，他便会觉得特别无聊和虚假。性格自卑内向的孩子还会觉得对不住你给予的表扬和称赞，从而在心中产生很大的压力，甚至不愿意在你的面前表现。表扬和称赞错了，同样也会对孩子造成极大的伤害和负面效益。

　　最后，珍妮还表示，表扬和夸赞孩子时，可以描述事情本身，但不要评价孩子的性格，可以对他的成绩和表现进行客观的描述，而不是一味美化和拔高孩子，特别是品格方面。[①]

　　可以按以下方法对孩子进行表扬：

1. 就事论事

　　不要直接赞美孩子整个人，而应该赞美孩子的具体行为。也不要夸大其词，这样会使孩子沾沾自喜，自以为了不起。如：孩子对七巧板十分感兴趣，常常拼出一些新颖的图案。"这孩子真聪明。"这种赞美就显然不恰当，而应当就事论事，可以这样说："这个图案真不错。"否则，言过其实的赞美会给孩子播下虚荣的种子。总是笼统地表扬孩子，比如你真棒，会让孩子无所适从。也许孩子只是端了一次饭，妈妈与其兴高采烈地表示"好孩子，你真棒"，不如告诉他"谢谢你帮妈妈端饭，妈妈很开心"。有针对性的具体表扬会让孩子更容易理解，并且知道今后应该怎么做，如何努力。

2. 掌握分寸

　　孩子经过努力做出了成绩，或者他做完了他理所应当做的事情，他都应该

---

① http://blog.ci123.com/houjue20040129/entry/1370209

得到赞美。但在日常生活中，注意不要重复赞美某件事情，当孩子养成良好的习惯后，就可以适当减少对孩子这一方面的赞美。赞美孩子并给以适当的奖励或是亲吻或是搂抱，都会给孩子以奇妙的力量。

3. 及时赞美

孩子做完某件事或正在进行中，就给以适当的赞美和鼓励，效果很好。如果一时忘记了，应该设法补上去。如：孩子在老师的说服下，吃饭时终于肯吃蔬菜了，父母应立即予以赞美。

4. 夸努力不夸聪明

美国的研究人员让幼儿园孩子解决了一些难题，然后，对一半的孩子说："答对了 8 道题，你们很聪明。"对另一半说："答对 8 道题，你们很努力。"接着给他们两种任务选择：一种是可能出一些差错，但最终能学到新东西的任务；另一种是有把握能够做得非常好的。结果 2 / 3 的被夸聪明的孩子选择容易完成的；被夸努力的孩子 90% 选择了具有挑战性的任务。

不仅自己要学会赞美孩子，还要让孩子学会赞美别人。一位犹太人要搭车去伦敦，下车时赞美了司机："搭你的车十分舒服，谢谢！"司机只是一笑。后来他又夸奖了很多他遇到的人。有人问犹太人为什么这样做，犹太人却只是说："我习惯了待人和气，多赞美他人。""这样有什么效果呢？"有人问。他说："我相信一句赞美能让人一天都心情愉快。如果他今天载了 10 位乘客，他们受了司机的感染，也会对周围的人和悦。这样算来，我的好意可传达 500 人。"学着多赞美他人吧。

第二节　进行有效的鼓励

　　爱因斯坦小的时候，并不是一个天资聪颖的孩子，相反，已满4岁的爱因斯坦还学不会说话，人们都怀疑他是个"低能儿"。但是，担任电机工程师的父亲，却没有对儿子失去信心，他想方设法地让爱因斯坦发展智力。他为儿子买来积木，教他搭房子。小爱因斯坦每搭了一层，父亲便表扬和鼓励一次。在这种激励下，爱因斯坦一直搭到了14层。

　　上学后，爱因斯坦仍然显得很平庸，学校的老师曾向他父亲断言说："你的儿子将一事无成。"大家的讽刺和讥笑，让爱因斯坦十分灰心丧气，他甚至不愿去学校，害怕见到老师和同学。但是父亲却鼓励他："我觉得你并不笨，别人会做的，你虽然做得一般，却并不比他们差多少，但是你会做的事情，他们却一点都不会做。你表现得没有他们好，是因为你的思维和他们不一样，我相信你一定会在某一方面比任何人都做得好。"父亲的鼓励，使爱因斯坦振作起来。

　　有一次母亲带他到郊外去游玩，别的亲友家的孩子，有的游泳，有的爬山，只有爱因斯坦一个人默默地坐在河边，静静地凝视着湖面。这时，亲友们悄悄地走到爱因斯坦母亲的身边，忐忑不安地问道："您的孩子为什么总是一个人对着湖面发呆？是不是出了什么问题呀？还是趁早带他去医院检查检查吧？"可是爱因斯坦的母亲却十分自信地对他们讲："我的小爱因斯坦没有任何毛病，你们不了解，他不是发呆，而是在沉思。他将来一定是位了不起的大学教授。"[①]

父母的鼓励和爱护使爱因斯坦的智力迅速发展。

从爱因斯坦的故事中，我们可以发现一个亘古不变的真理：家长对孩子热切的期望、坚定的信心和无私的帮助，将是孩子成功的重要保证。

常有些家长因为自己的孩子不够聪明而对孩子感到失望，甚至把这种情绪"传染"给孩子，使孩子对自己也变得没有信心。殊不知，这种做法只会让孩子的情绪更加消极，久而久之，就会思维僵化、反应迟钝。

爱因斯坦认为："一次责骂造成的不良影响要 11 次表扬才能抵消。"

自从孩子出生之后，爸爸妈妈就应该懂得及时、适时地赞美他。孩子做对了事情得到了鼓励和赞美，会激发一种内在的动力，让孩子以后表现得更好，一开始孩子可能会因为想得到赞美而去注意一些行为，但是经过长时间的积累之后，这些良好的行为就会内化成孩子的一种习惯，行为举止中自然而然地就能流露出来。

表扬和鼓励有所不同。孩子表现好，我们很容易就会表扬或奖励他们，但当孩子出现问题行为或自我感觉不好时，我们该对他们说些什么呢？要知道，那正是他们最需要鼓励的时候。

表扬和奖励让孩子凡事都依赖于别人的判断，而不是相信自己的智慧和自我评价。经常表扬和奖励孩子会促使他们有这样的想法："别人认同我，我就做对了。"这会让孩子拼命努力避免犯错，而不是从错误中吸取教训。"简·纳尔逊博士在《养育孩子锦囊妙解》中的这段话，似乎是感知了目前中国的教师和父母的困惑而概括的，她还具体给出了鼓励孩子的几个具有代表性的句型。

"你觉得……怎么样？"

"你需要我帮你……吗？"

"噢，人人都会有不如意的时候的。我们依然很喜欢你。"

---

① 特质1：赏识自己的孩子. 网易亲子，2010. 7

"在这件事情上，你花了很多功夫。"

鼓励孩子的三大注意事项：

1. 孩子有天生的感悟力

不要认为孩子还小，看不出个阴晴冷暖来，其实人的感悟力和交流能力天生就存在了。也许小孩子还不会说话，但他已经可以通过你的语音和表情来感知喜悦还是忧伤，比如，笑脸和高昂快速的声音一般都代表快乐的情绪，当孩子感受到愉悦的信息时，他也会感到快乐。

2. 注意用多元化的表达方式

孩子的年龄越小，我们给他鼓励的方式就越要多元化，这样他才能从感官上得到最大程度的接受，比如，鼓掌、微笑、拥抱、眼神的交流，等等，动作和语言相结合的话，效果会更好，因为孩子会感觉到更大力度的鼓励。

3. 鼓励要发自内心

虽然鼓励并不需要额外花费什么，但是请记住，所有的鼓励和赞美都要是发自内心的真诚的鼓励，一味地鼓励个不停并不一定都是正向的积极的鼓励，反而可能让孩子对大人产生质疑和不信任感。

第三节 把握赏识与批评之间的变化

美国心理学家威廉·詹姆斯认为："人性中最深切的禀性，是被人赏识的渴望。"一位美国家庭教育专家也指出："在家里得到赞赏的孩子，更愿意为自己设立较高的目标。"为什么会这样？因为表扬和鼓励对于成长中的孩子，犹如阳光对于植物而言是重要的东西。源自成人世界的一种积极向上的力量，会使孩子爆发出强烈的努力和成长的愿望，从而使其内在的潜质得到充分的发挥和实现，是非常好的家庭教育方法。

这里要提到一个教育名词——赏识教育。赏识教育通俗地讲，就是教孩子学说话学走路的教育心态和方法。孩子学话含混不清、走路不稳时，父母也总是又亲又爱。孩子说话迟了，家长不着急，不攀比，承认差异甚至欣赏差异，认为是"贵人语迟"。孩子学走路时，父母不动气、不指责，哪怕孩子一千次跌倒，也坚信孩子能在一千零一次时站起来。可以说，孩子学话学走路时，家长在享受中教，孩子在欢乐中学，孩子便能轻而易举地学会说话走路。当幼儿还不知道什么是赏识时，他们得到了无尽的赏识和亲热，可是随着孩子年龄的增长，越来越懂得赏识的重要，越来越需要赏识时，赏识却离孩子越来越远。人性中最本质的需求就是渴望得到赏识，就孩子的精神生命而言，每个幼小生命仿佛都是为得到赏识而来到人世间的。哪怕天下所有的人都看不起你的孩子，做父母的都应眼含热泪地欣赏他、拥抱他、赞美他，为自己创造的生命——这个万物之灵而自豪。

美国的一个教育专家对自己家庭教育的反思，他是这样写的：在我刚刚做父亲的时候，如果孩子们一犯错误，我就立刻逮住他们，我以为我有绝对的义务——不，应该是重大的责任，去纠正他们一切的所作所为。直到有一天，我突然意识到我教给孩子的是我根本不愿意传递出来的信息："获得爸爸注意的最好方法就是做错事。"我开始意识到，教育孩子的基本任务不是逮住孩子的错事，再让他们改正；相反，父母的职责应该是努力去捕捉到你的孩子做得正确的事情。我开始改变自己。我为自己确立的目标是，每天在每个孩子身上至少找到两点我欣赏的地方，然后一定为我所看到的优点对每个孩子报之以赞赏。重要的不是找不到赞赏孩子的理由，而是需要训练自己，训练自己养成一种习惯。例如，我过去常常批评凯莉把衣服扔得到处都是，后来我决定改变方式，在发现她把衣服放进洗衣机的时候去赞美她。我惊喜地发现，我越是能注意到并且逮到他们做正确的事情，然后赞美他们，他们犯的错误就越少，我批评和管教他们的机会就越少。

赏识要赏识在细节上，也就是说，对孩子的表扬要具体。具体的表扬，会让孩子明确自己到底哪些地方做得好，哪些地方需要改进，从而明确努力的方向。因此，父母要努力在孩子所做事情的细微之处发现亮点，并具体表扬这些亮点。

需要注意的是，并不是孩子所做的任何事情父母都要去赞扬。

《育儿震撼：关于儿童的新想法》的作者阿什莉·梅里曼和波·布朗森认为，父母如果因为孩子完成一些力所能及或琐碎小事就大加赞赏，会令孩子产生消极情绪。她建议，父母对孩子的赞赏应有一定限度、态度真诚，而且应更多地赞赏孩子的努力过程而非结果。

美国斯坦福大学一项针对 150 名本校学生的研究显示，受到过度表扬的学生往往不愿承担风险、不愿付出努力、自我激励少。

测试前夕，研究人员一一告诉孩子："你在这方面一定厉害。"结果，学生们所得分数比平时下降 20%。研究人员认为，孩子们表现失常是因为测试前的表扬令他们感到压力。

　　一些英国专家认为，表扬孩子应注意方式方法。英国不少学校"凡事必奖"，奖品包括贴纸、糖果乃至购物券。孩子们觉得这是一种"贿赂"，学习热情大大降低。

　　北约克郡哈罗盖特格拉马学院心理学系主任埃玛·邓莫尔说："相对于当场表扬和奖励而言，孩子们更喜欢自己的进步得到认可。"

第四节　要善于挖掘孩子的潜力

日本的垃圾处理站叫作资源循环站。资源循环站收集的废品究竟是怎样处理的呢？报纸被直接送到造纸厂，用以生产再生纸；饮料瓶、罐和塑料等被送到的工厂处理后做成产品；电视和冰箱等被送到专门的会社，进行分解和处理；至于大衣柜和写字台被粉碎型垃圾车吞进肚里后，再次分类后成为有用之才。垃圾经过分类处理后变废为宝，有的用于火力发电，有的用来建设蒸汽游泳池，从垃圾里提取金属成为原料，最后剩下来的垃圾渣用来铺路和填海。正如犹太经典《塔木德》中所说："世上没有废物，只是放错了地方。"

犹太人善于从别人视为无用的东西中，寻找到它存在的价值和用途。所以，有句犹太名言说："杂草亦有用处。"据说，这句格言来自一则寓言故事。

有一天，一位农夫弯着腰在院子里锄草。天气很热，他满头大汗，汗珠不停地顺着脸颊流下来。

"可恶的杂草！假如没有这些杂草，我的院子一定很漂亮。神为什么要造这些讨厌的杂草来破坏我的院子呢？"农夫这样嘀咕着。

有一棵被拔起的小草回答农夫说："你说我们可恶，也许你从来就没有想到过，我们也是很有用的。现在，请你听我说一句吧。我们把根伸进土中，等于是在耕耘泥土。当你把我们拔掉时，泥土就已经是耕过的了。此外，下雨时，我们防止泥土被雨水冲掉；在干涸的时候，我们能阻止强风吹起沙尘。我们是替你守卫院子的卫兵，如果没有我们，你根本就不可能享受种花、赏花的乐趣，因为雨水会冲走泥土，狂风会吹散泥土……所以，希望你在赏花之余，能够想起一些我们的好处。"

农夫听了这些话，不禁肃然起敬，重新思考起这些看似无用的小草的价值了。①

犹太人强调每一件东西都有用处。他们认为，事物的好坏随着时间、地点和场合的不同在互相转换、变化。好东西并不是绝对的好，它也必定会有一些缺陷；坏东西也并不是绝对的坏，它也有自身的特殊用途。凡事就在于人的发掘。

儿童早期潜能开发不等于从幼儿时期就让孩子学这学那过早地逼迫孩子学习过多的技能，会让孩子产生抵触和厌烦心理，甚至有可能扼杀孩子的潜能，可能会得不偿失。虽然孩子的早期经验对孩子今后的成长与发展至关重要，但是真正的早期教育应该从儿童的心理出发，这同时也是培养习惯教养的重要时机。不少青少年犯罪是由其心理疾病引的，而又有大部分的心理疾病是小时候就埋下的隐患。家长重视"一切从娃娃抓起"的同时也要重视一切从自身出发，与孩子一起成长，多关注儿童的内心世界，多与孩子沟通，从而激发孩子的潜能。

---

① 柯友辉. 生存智慧：像犹太人一样思考. 哈尔滨出版社，2010. 2

第六章

失败比成功还要珍贵

第一节　拯救自己的同时超越自己

超越别人，不如超越自我。有人未老先衰，有人老而弥坚。

——《塔木德》

正如爱因斯坦所说："人必须经常思考新事物，否则和机器没什么两样。"犹太人认为，超越自己的事情一天都不能放松，尽量地学些不同的事物，将它们组合起来，才会有新的智能和洞察力产生，这些不同的事物相互影响之后，往往会有许多新的创见。

每个人都有与生俱来的创造力，只是有些人通过坚持不懈地学习，把它发挥了出来，更多的人则因为懈怠让这种才能荒废掉了。历史上著名的伟大人物、伟大事迹，哪一个不是超越自我的典型案例？

犹太社会中流传着这样一则寓言：

一天，三只青蛙一同掉进了一个桶里，更不幸的是，这个桶里装着满满的新鲜牛奶。黏黏的鲜奶把它们紧紧裹住，它们几乎动弹不得。

一只青蛙说："这或许是神的旨意，命当如此，无须挣扎，再怎么挣扎也是徒劳无益。"于是，它一动不动，双眼紧闭，等待着死神的到来。另一只青蛙说："这只桶太深了，纵使我摆脱了鲜奶的束缚，我也无法跳出去的，怪只怪当时的不小心，现在后悔都来不及了。"它一脸悲哀，同样一动不动地待在桶里等待死亡。

第三只青蛙什么话都没有说，它试了试，发现后腿还可以活动，于是它运足力气，使劲地蹬着，跳着。鲜奶在它的剧烈运动下结成了疙瘩。它跳到奶块上，然后便借助奶块跳出了这只深桶。

犹太人就像第三只青蛙一样，当他们遇到凭借自己的能力做不到的事情时，他们不会去抱怨，他们相信，大危机中必然存在着小生机，与其坐以待毙，不如超越自己。就这样，他们凭着自己的能力，在拯救自己的同时，也实现了人生价值的又一次超越。

犹太人有一则故事教导人们要去超越自己。

有一对父子，俩都是拉比。父亲性格温和，考虑周到；而儿子却孤僻、傲慢，所以他一直没有成功。

有一天，儿子对父亲抱怨后，老拉比说："我的孩子，作为拉比，我们之间的区别是：当有人向我请教律法上的困难问题时，我给他回答，他提的问题以及我的回答，我的提问人和我都满意；但是若有人问你问题，则双方都不满意——你的提问人不满意，是因为你说他的问题不是问题，你不满意是因为你不能给他一个答案。所以，你不能怪别人而必须放下架子鼓励自己，才能成功。"

"父亲，你是说我必须超越自己？"

"是的，"父亲回答，"真正超越从前自我的人，才是真正成功的人。"超越自己的历史传统融入犹太人的血液之中，所以，犹太民族成为最勤奋的民族。

每个人都有与生俱来的创造力，只是有些人通过坚持不懈地学习，把它发挥出来。更多的人则因为懈怠让这种才能荒废掉了。

超越自己，才能不断地鞭策自己前进，而不因为一时的懈怠或者暂时的成功而失去继续努力向前的动力。犹太人坚信这一点，于是在自己的法典上写下了："超越别人的人，不能算是真正的优越；超越从前的自我，才是真正优越的人。"

第二节　让孩子选择自己的态度

　　奥地利心理学家、精神病学家弗兰克在二战期间曾被关进奥斯维辛集中营，只因为他是犹太人。他自己身心遭受摧残，他的家人死于非命，但他仍然不懈地观察研究着那些每日每时都可能面临死亡的人，包括他自己。在亲身体验的囚徒生活中，他发现了弗洛伊德的错误。弗洛伊德认为，人只有在健康的时候心态和行为才千差万别，而当人们争夺食物的时候就露出了动物的本性以致行为无以区别。而弗兰克认为："所有的囚徒被抛入完全相同的环境，有的人消沉颓废下去，有的人却如同圣人一般越站越高……在任何特定的环境中，人们还有一种最后的自由，就是选择自己的态度。"

　　弗兰克被转送到各个集中营，甚至被囚在奥斯维辛数月之久。弗兰克说他学会了生存之道，那就是每天刮胡子。不管你身体多衰弱，就算必须用一片破玻璃当作剃刀，也得保持这项习惯。因为每早晨当囚犯列队接受检查时，那些生病不能工作的人就会被挑出来，送入毒气房。假如你刮了胡子，看来脸色红润，你逃过一劫的机会便大为增加。

　　每天他都在积极思考，用什么样的办法能逃出去。他请教同室的伙伴，伙伴嘲笑他："来到这个地方，从来就没人想过能活着出去。还是老老实实干活吧，也许能多活几天。"可弗兰克不是这样的想法，他想到的是家有老母妻儿，自己一定要活着出去。

积极的思考终于给他带来了机会。一次，在野外干活，趁着黄昏收工时刻，他钻进了大卡车底下，把衣服脱光，乘人不注意，悄悄地爬到了附近不远处的一堆赤裸死尸上。刺鼻难闻的气味，蚊虫叮咬他，他全然不顾，一动不动地装死。直到深夜，他确信无人，才爬起来光着身子一口气跑了 70 公里。这正是：世上没有绝望的处境，只有对处境绝望的人。这位幸存者后来对人们说："在任何特定的环境中，人们还有一种最后的自由，就是选择自己的态度。"

心理学家早已发现：一个人能否被击败，不取决于外界环境的阻碍，而取决于他对环境如何反应，也就是他的态度如何。

塞尔玛是一位随夫从军的妇女，跟随部队驻扎在沙漠地带，住在铁皮房里，与周围的印第安人、墨西哥人语言也不通，还要忍受高温，更糟糕的是丈夫又奉命远征，孤独的日子让她每天愁眉不展，度日如年。无奈中的她只好给父母写信，希望能够回家。

不久她就收到父母的回信，信中既没有安慰她的话，也没有催促她回家，只有短短几行字："两个人从监狱的铁窗往外看，一个看到的是地上的泥土，另一个看到的却是天上的星星。"刚开始看到这几句话，塞尔玛非常生气，但她反复看、反复琢磨后，终于悟到了父母要对自己说的话：一切问题的根源就在于自己总是低头向下看，于是看到的只是地上的泥土，而生活中除了泥土，还有满天的繁星，为什么不抬起头，享受星光灿烂的美好世界呢？

于是塞尔玛开始尝试改变自己：她主动和印第安人、墨西哥人交朋友，她发现他们都非常热情、好客；她开始研究沙漠中的仙人掌，一边研究一边做笔记，仙人掌的千姿百态令她深深陶醉；她也醉心于欣赏沙漠中的日出日落以及海市蜃楼的幻影，体会新生活给她带来的一切。她发现生活中的一切都变了，她每天仿佛都沐浴在春光之中。

回到美国后，她根据自己这一段真实的历程写了一本名为《快乐的城堡》

的书，引起了很大的轰动。①

一天，有位犹太拉比在河边遇见了忧郁的年轻人费列姆。费列姆唉声叹气，愁眉苦脸。

"孩子你为何如此闷闷不乐呢？"拉比关切地问。

费列姆看了一眼拉比，叹了口气："我是一个名副其实的穷光蛋。我没有房子，没有工作，没有收入，整天饥一顿饱一顿地度日。像我这样一无所有的人，怎么能高兴得起来呢？"

"傻孩子，"拉比笑道："其实，你应该开怀大笑才对！"

"开怀大笑？为什么？"费列姆不解地问。

"因为你其实是一个百万富翁呢！"拉比有点诡秘地说。

"百万富翁？您别拿我这穷光蛋寻开心了。"费列姆不高兴了，转身欲走。

"我怎敢拿你寻开心？孩子，现在能回答我几个问题吗？"

"什么问题？"费列姆有点好奇。

"假如，现在我出 20 万金币，买走你的健康，你愿意吗？"

"不愿意。"费列姆摇摇头。

"假如，现在我再出 20 万金币，买走你的青春，让你从此变成一个小老头，你愿意吗？"

"当然不愿意！"费列姆干脆地回答。

"假如，我现在出 20 万金币，买走你的美貌，让你从此变成一个丑八怪，你可愿意？"

"不愿意！当然不愿意！"费列姆头摇得像个拨浪鼓。

"假如，我再出 20 万金币，买走你的智慧，让你从此浑浑噩噩，度此一生，你可愿意？"

"傻瓜才愿意！"费列姆一扭头，又想走开。

"别慌，请回答完我最后一个问题——假如现在我再出 20 万金币，让你去杀人放火，让你从此失去良心，你可愿意？"

① 王珺之. 李开复给年轻人的11个忠告. 印刷工业出版社，2012. 8

"天哪！干这种缺德事，魔鬼才愿意！"费列姆愤愤地回答道。

"好了，刚才我已经开价100万金币了，仍然买不走你身上的任何东西，你说你不是百万富翁，又是什么？"拉比微笑着问。

费列姆恍然大悟。他谢过拉比的指点，向远方走去……从此，他不再叹息，不再忧郁，微笑着寻找他的新生活去了。[1]

---

① 弥赛亚. 犹太商人（羊皮卷）. 陕西师范大学出版社，2010. 6

第三节　失败比成功还要珍贵

犹太人认为，失败比成功还要珍贵。自古至今，不可能有一个人从来没有失败过，但是这并不是真正的失败，真正的失败是同样失败的再度反复。第一次不成功并不足耻，可是如果第二次又犯了同样的过错，就不值得原谅了。我们应该把失败关进"过去"之中，而把成功请进"未来"的空间里，使未来没有失败。学习和痛苦是分不开的，所以回忆痛苦也可以算是一种学习。容易忘掉失败，是人类的本性，这是非常不利的，所以愈是惨痛的失败，就愈应该深记在脑海里。

一家著名公司招聘高端人才，经过两轮淘汰，最后还剩下 10 个应聘者，角逐 5 个岗位。因此，最后一轮总裁亲自面试。令总裁奇怪的是，面试现场出现了 11 个求职者。总裁问："谁不是应聘的？"最后一排坐着的一个男子站起身："先生，是我。我第一轮就被淘汰了，但我很想参加一下面试。"在场的人哈哈大笑，包括一个站在门口闲看的老头子。总裁也取笑地问："你第一关都淘汰了，来这儿还有什么意义呢？"男子却说："我掌握了很多财富，可以说，我本人即是财富。"总裁饶有兴趣地问："那你有什么财富呢？"男子说："我只有一个本科学历，一个中级职称，但我有 10 年的工作经验，曾在 17 家公司任过职……"总裁打断他说："你的学历、职称都不算高，10 年工作经验倒是不错，但先后跳槽 17 家公司，太让人吃惊了，我不欣赏这点。"

男子挺起身说："先生，我并没有跳槽，而是那 17 家公司都先后倒闭了。"在场的人又一次开心地笑了，其中一个考生嘲笑说："你还真是个倒霉蛋！"男子也笑了："相反，我认为这正是我的财富！我并不倒霉，我才 30 岁。"这时，站在门口的老头子走了进来，给总裁倒了杯茶。男子接着说道："我很了解那 17 家公司，我曾与同事们努力挽救它们，虽然失败了，但我从它们的失败中学到了很多东西。人们往往只是追求成功的经验，而我，更有经验避免错误与失败！"

男子转身离开座位："我知道，成功的经历大抵相似，难以模仿；而失败的原因各有不同。别人的成功经历很难成为我们的财富，但别人的失败过程却是难得的宝藏！我今天来只是想告诉大家：衡量一个人才不应只从他拥有多少光环上看，失败人士同样难能可贵！"男子就要出门了，忽然又回过头："这 10 年经历的 17 家公司，练就了我对人、对事、对未来的敏锐洞察力，举个小例子吧——真正的考官，不是您，而是这位倒茶的老人……"

全场 10 个考生一片哗然，惊愕地盯着倒茶的老头。那老头高兴地笑了："很好！你第一个被录取了！"

的确如此，成功的经历很难模仿，而失败的经验能锻炼一个人对人、对事、对未来的敏锐洞察力，能让自己变成一个敏锐而稳重的人、一个懂得避免失败的人，自然也就成了一个不断走向成功的人。[1]同时，失败会使人紧张，使人警戒，是一个很好的老师。

瑞典的化学家塞夫特穆，在 1830 年发现了一种新的化学元素——钒。其实，当初和他一起研究的，还有他的好朋友维勒，可是维勒受不了一再失败的打击，所以在中途退出了研究。塞夫特穆仍然继续坚持，最后终于获得成功。

在发表这个重大发现的时候，塞夫特穆以轻松风趣的笔调，像童话一般地写道："在宇宙的极光里面，住着一位漂亮又可爱的女神。有一天，有人来敲女神的门，因为女神正在忙，所以没有开门。女神正等着那个人再来敲门，

① 陈南. 职场潜规则. 北京科学技术出版社，2009. 6

可是这个人只敲了一次，就离开了女神的家。女神心想：这个匆匆忙忙的冒失鬼，一定是维勒！其实，如果维勒再敲一下，不就可以见到女神了吗？过了几天，又有人来敲女神的门。这个人很固执，一次敲不开，就一直继续地敲下去，最后女神终于开了门，发现是塞夫特穆。塞夫特穆见到了女神，钒就因此被发现了。"

第四节　在逆境中更要坚忍

犹太民族虽经历了许多屈辱与灾难，但还是在逆境中坚忍地存活下来，并以出类拔萃的姿态，屹立于世界民族之林。

人生有逆有顺。当处境顺利的时候，或是事业昌盛，或是财源滚滚，一旦遇上风险逆境，不免前途黯淡，困顿不堪，过上缺衣少食的日子。不够坚强的人在逆境来临时，就会匆匆结束这次人生的旅行，提前承认自己的失败；而犹太人却始终明白，人生就是为了征服逆境而来到这个充满波折的世界上的。

犹太人说，人的眼睛是由黑白两部分组成的，为什么只有透过黑的部分才能看到东西。这是因为人必须透过黑暗，才能看到光明。

日常生活中，家长要注意运用正确的教育方法，经常鼓励、支持孩子参加各种有益的活动，不能随便指责、嘲笑、挖苦和恐吓孩子，以免形成幼儿遇事胆怯畏缩的心理。

为培养孩子坚忍勇敢的品质，家长要教给孩子相应的知识和技能，使孩子产生足够的自信心。孩子的胆怯行为大多因缺乏自信心才产生的，而自信心又是建立在必要的知识、技能基础之上的。例如，幼儿会对雷电、风暴产生恐怖感，对黑暗感到不安，就是因为缺乏相应的知识和能力造成的。家长应当给他们讲解有关知识，教给他们应付的技能和方法，最重要的是给以鼓励，这样，孩子的恐惧感就会渐渐消失了。

第一次，幼儿园的老师说："你的孩子可能有多动症，在板凳上连3分钟也坐不了。你最好带他上医院看看。"回家的路上，孩子问她："老师说了些什么？"她告诉儿子："老师表扬了你，说你原来在板凳上坐不了一分钟，现在能坐3分钟了。其他的妈妈都非常羡慕妈妈，因为全班只有你进步了。"

那天晚上，儿子破天荒吃了两碗饭。

第二次，小学家长会上，老师说："全班50名同学，这次数学考试，你儿子排第49名，我们怀疑他智力上有障碍，你最好带他去医院查查。"回家的路上，她流了泪，然而回到家，对坐在桌前的儿子说："老师对你充满信心，老师说了，你并不是一个坏孩子，只要能细心些，会赶上你的同桌，这次你的同桌考了第21名。"说话时，她发现儿子暗淡的眼神一下子充满了光亮，沮丧的脸舒展开来，她甚至还发现，儿子温顺得让她吃惊，好像突然长大了许多。

第二天上学，儿子比平时去得都早。

第三次，初中开家长会时，妈妈直到结束都没有听到老师点她的名字，临别去问老师，老师告诉她："按你儿子现在的成绩，考重点高中有点危险。"她怀着惊喜的心情走出校门，她发现儿子在等她，她扶着儿子的肩膀，心里有一种说不出的甜蜜。她告诉儿子："班主任对你非常满意，她说了，只要你努力，很有希望考上重点高中。"

高考结束后，这位同学被清华大学第一批录取，儿子跑到自己的房间大哭起来，边哭边对跟过来的妈妈说："妈妈，我一直知道我不是一个聪明的孩子，是您……"这时，母亲的眼泪再也止不住了，它顺着母亲的面颊哗哗地流下来。[①]

赞扬可以提高孩子的自信心，有利于意志的锻炼。特别是对幼儿，家长要注意他们在活动中通过努力表现出来的点滴进步，适时、适度地给予肯定和赞

① 崔华芳. 做最成功的父母. 水利水电出版社，2006. 5

赏。温存的微笑，亲切的抚摸，友好的合作，对孩子都是鼓舞。一般来说，胆怯的孩子，意志品质大都较为脆弱，做父母的就更应放手让他自己活动，积极鼓励他，有意识地培养孩子克服困难的能力。而对于天性活泼、好表现自己的孩子，也要多指点，多约束，给他创造"逆境"，多设障碍，以磨炼孩子克服困难的毅力。

第五节　教育孩子正确处理挫折

　　沙拉，一个出生并成长于上海的犹太人后裔，曾像许多中国妈妈一样，不让孩子操持家务，一心希望他们考上大学。直到 20 世纪 90 年代，她带着 3 个子女回到了故土以色列，犹太家庭的"狠心"教育让她震惊，也从此改变了她。

　　回到以色列时，两个儿子以华 14 岁、杰瑞 13 岁，小女儿妹妹 3 岁。早期的生活非常艰辛，但为了让孩子们有良好的学习环境，她从不让他们叠被、烧水、做饭。可是不久她就发现，犹太家庭的教育方式与她截然不同：即使是非常富裕的犹太家庭，孩子也必须要做家务；犹太人 13 岁即为成年，就要出去打工挣钱养活自己，如果想学习哪项技能，父母会缴纳学费，但这笔费用将来必须要还给父母。

　　整个以色列的教育环境改变了沙拉，她决定把爱藏一半，变得"狠心"起来。令她惊讶的是，孩子们不仅很快掌握了生存技能，成了她生活上的好帮手，还变得格外珍惜学习的机会。"他们明白了，生活要靠自己创造。"沙拉说，"时代在进步，现在的孩子不用经历那些困苦，但父母依然要做的是，让孩子了解你的辛苦，学会与你并肩作战，而不是一味地付出。"在她的教育下，两个儿子不到 30 岁便成了富翁，女儿也将步入大学。①

孩子的成长过程中，挫折也是他的必修课，我们也应教孩子正确地面对困难和挫折。孩子要成长，就要经历儿童群体中必须要经历的，这其中有可能是冲突，有可能是矛盾，或许还有被拒绝。冲突、矛盾、甚至是被拒绝，都是挫折的一种，但大部分家长却剥夺了孩子的这种体验。具体表现在，孩子走路摔倒了，妈妈立刻跑去把孩子扶起来；孩子和小朋友发生纠纷，妈妈替孩子去处理；孩子和玩伴打了起来，妈妈立刻去拉开……不要替孩子去解决本应他解决的事。孩子的事情尽量让孩子自己去解决，因为解决事情的过程，就是他成长和进步的过程。

一位美国儿童心理学家说："有十分幸福童年的人常有不幸的成年。"很少遭受挫折的孩子长大以后会因不适应激烈竞争和复杂多变的社会而深感痛苦。

近年来，中西方学者极力倡导"挫折教育"的重要性，希望父母与孩子能以正面的态度看待生活的挑战。但仅仅是让孩子遭遇挫折还不够，如何从中增加自己的挫折忍受度、排解挫折感及解决问题的能力才是"挫折教育"的终极目标。

6 岁以前，尤其是 3 岁以前的孩子们，都处于安全感建立和完善的时期，如果这个时期给予太多挫折反而会让孩子失去对外界的信任、对世界的好奇与兴趣，不利于孩子的成长。在这个年龄阶段，家长在应对孩子遭遇挫折的过程中最重要的环节是：接纳孩子受挫折的情绪，不要指责；分担孩子的情绪，告诉孩子你也会这样；然后家长通过了解产生的原因，使用一些技巧和方法，陪伴、引导和鼓励孩子顺利度过这个状态。

父母该怎样教育孩子正确处理挫折与失败？

1. 积极地处理

积极的心理建设和引导使孩子认识到，一次的挫败不能说明任何问题。鼓

---

① 犹太妈妈做客"常州公开课"：中国父母给的爱太多，请狠心藏起一半. 常州市电教馆、教育信息中心，2012. 2

励孩子常持阳光心态。犹太人认为，逆境中的鼓励犹如沙漠中的清泉，给人带来生存的希望和前进的力量，成长在鼓励中的孩子永远比成长在责备中的孩子自信、乐观、勇敢，所以，鼓励是最好的教育方式。他们习惯于给逆境中的孩子打气，增加他们的勇气和信心。

2. 乐观的总结

挫折并不可怕，可怕的是，经历了挫折却不知道总结挫折的教训，暂时的挫折不应该是消沉的原因，而应该是继续奋斗的起点。

3. 正确评价孩子

不要随便夸孩子"聪明"、"漂亮"这类孩子自己也无法掌控的词语。告诉孩子，什么是勇敢，并用勇敢肯定他努力的行为。

4. 不轻易代劳

当孩子做一件事没有成功的时候，家长们不能轻易代劳。

5. 不要因为他闹情绪而训斥，把关注点放在事情上

很多家长总是针对情绪进行指责，没有帮助孩子解决问题。久而久之，负面评价进入孩子的自我评价里，遇到问题就会认定自己没能力处理，总是想办法回避。

6. 不要拿自己孩子跟别人比

孩子天生会对自己感觉良好，不会拿别人的优秀给自己压力，挫折感主要来自于想把事情做成的愿望实现不了的过程。一旦最后做成了，孩子会马上开心起来。而当孩子的无意行为经过家长的有意比较，结果孩子都学会了关注结果。被夸的孩子会觉得自己应该比别人强，遇到别人比自己做得好的时候就接受不了。而孩子做得不如别人好，就会觉得自己做这件事不如别人，从而丧失了做事本身的乐趣。要教会孩子跟自己过去比，告诉孩子现在好不代表以后

好，因为每个人学习的时间长短不同，爱好不同。①

7. 灌输正确的信念

犹太人认为：你之所以看不到光明，是因为你没有经历黑夜。他们教育孩子不要抱怨而要乐观，要积极地面对不幸，还要换个角度看问题，也许不幸也是幸运，当看不到希望的时候，想想还有比自己更不幸者来安慰自己。

8. 从小培养孩子的一些素质

一是抗压力能力。"一切都会好起来的"是犹太人的座右铭，这表明了一种乐观的心态和对未来的希望。面对各种各样的压力，犹太人不会抱怨，他们利用一切可能的条件来调节心理，然后斗志昂扬地积极工作。他们认为："世界本来就是这样，可我们肯定会胜利。"

二是勇敢。《塔木德》告诫犹太人，无论何时都要胸怀勇气，要看到光明的未来，千万不能被眼前的逆境击垮。他们教育孩子，勇气是摆脱逆境的法宝，当你身处逆境时不要消沉退缩，而要充满勇气和决心来改变命运。

---

① 艾米. 孩子受挫你该怎么办. 时尚育儿，2013. 5

第六节　鼓励孩子勇于尝试

　　细心的家长应该发现，孩子在日常生活中会时常冒出一个美好的梦想，然后满腔热忱地开始行动。然而，一段时间后，孩子往往会很沮丧地放弃了。原因是现实生活中总是有各种问题出现，重重困难阻碍了迈向成功的进程。孩子最后会痛苦地说："梦想和现实截然不同。"从此他们再也不敢梦想，不敢去尝试了。这时候家长就应该鼓励孩子继续下去，做一次勇敢的尝试，挑战自己。

　　犹太拉比经常给孩子们讲这个故事。

　　18世纪下半叶，本杰明·韦斯特在英国画坛的杰出表现被称为艺术奇才的"横空出世"。关于自己的成功，他认为是母亲的一个吻才使他有了今天的成就。本杰明·韦斯特的母亲是一个贵格会信徒的女儿。她嫁给一个贵格会信徒韦斯特之后，就一直定居在宾夕法尼亚州的印第安人居住地。他们共有10个孩子，本杰明·韦斯特是10个孩子中最小的。韦斯特的家里很清贫，10个孩子的大家庭的重担都压在母亲一个人身上。

　　1745年，本杰明·韦斯特7岁。这年夏天的一天，母亲让本杰明去照看亲戚家的一个婴儿，要他用扇子赶走婴儿脸上的苍蝇。那天中午，在本杰明的细心呵护下，婴儿慢慢地进入梦乡。小本杰明·韦斯特被熟睡着的婴儿的异常美丽吸引住了。他用手在扇子上比划着，就像要画下婴儿美丽的脸庞。这一切被母亲萨拉看到了。"你想画下孩子的脸吗？"萨拉微笑着问本杰明。"我不会画画，我画不出。"本杰明说。"可是，你不画怎么知道你画不出呢？"萨拉指着桌子上的一红一蓝两瓶墨水说，"你试试。"母亲说完，便走了。本杰明拿出一张纸，打开墨水瓶，画了起来。过了好一会儿，画是画好了，可他的脸上、衣服上都沾了很多的墨水，桌子上也是一片狼藉。他担心母亲看到这个脏乱的局面，他可能会挨骂。哪知母亲走过来，用她特有的慈爱目光看了一眼那张画，声音颤抖着惊叫起来："哦，天哪，这简直就是小萨莉的照片啊！"然后，她搂着本杰明的脖子，亲吻了他一下，并且说："总有一天你会成为一个伟大的画家。"

　　每位父母都应该像犹太家长那样，鼓励孩子尝试，让孩子不断提升自我。[①]

　　人生中，困难和危险无处不在、无时不有。只有那些勇于迎战困难的人，才有战胜困难、夺取成功的希望。而那些蜷缩在温室中、保护伞下的人注定是要在困难面前崩溃不能成功的。

　　在教育孩子的过程中，培养孩子勇于尝试，是必不可少的一步。

①　章晓明母亲．北京广播学院出版社，2004．4

第七章

勤奋是无价之宝

第一节　自强是获取成功的法宝

《塔木德》说："请主降下磨难，考验我对主的信仰；请主降下苦痛，把我和普通人区分；请主给我以逆境，让我成功。""当压力出现，迫使我们改变自己的法规时，我们要不顾一切地战斗，即使面临强敌也要战斗，生命不息，战斗不止。"犹太人是世界上遭受磨难最多的民族之一，但他们仍旧依靠顽强的毅力，超人的智慧，战胜了一切灾难，顽强地生活下来，并且建立了美满的家园，成就了辉煌的事业。

犹太人这样激励自己：上帝夺取了我们的一切，剩下的只有我们。自救是最后的生存之道。一部犹太人的历史，简直就是他们遭受迫害的历史，正是苦难造就了他们坚韧不拔的性格。

从以色列看犹太人的自强不息精神。这个国家以犹太民族占主导地位，犹太人占全国人口的83％以上。历尽人间沧桑的犹太人，于1948年才在亚洲西部，地中海东岸的约2万平方公里面积上建立起以色列国。这个国家不但建立较晚，面积狭小，而且土地贫瘠，自然条件极为恶劣。全国国土有80％～90％是沙漠和荒丘，几乎是"不毛之地"。全国资源贫乏，淡水奇缺。因此，不论是天时或是地理对以色列都是不利的。但以色列的犹太人自强不息，靠其民族的顽强生存意识和智慧，经过40多年的建国创业，使这块土地出现了举世瞩目的奇迹："不毛之地"长出了丰硕的庄稼，农业不仅使以色列国民自足自给，并成为该国出口创汇的重要组成部分。他们把荒丘和沙漠改造成良田。不但农业方面取得了巨大成就，工业和其他行业同样取得了显著发展。现在，以色列的国民生产总值已人均年超 10000 美元了，进入世界经济先进行列。

可见，自强不息精神是催人奋进和获取成功的法宝，是犹太人的一种制胜术。犹太商人经商理财的代表是罗斯柴尔德，在发迹前，他在一个公爵的府邸做事，这一干就是 20 年。20 年中，他尽职尽责地做好自己的本职工作，但同时又要忍受着公爵对他犹太人身份的鄙视。由于他的不懈努力，最后终于成为控制欧洲经济命脉的金融巨擘。

德国教育孩子的指导思想是，培养孩子的"勤奋、正直、乐于助人、作风正派、行为规矩"的品质。因此，父母们从不包办代替孩子的事情。他们将子女视作独立的个体，给他空间，让孩子学习作为独立的人应该做的事。譬如，在孩子一周岁左右时，父母就鼓励他们自己捧着奶瓶喝牛奶，喝完了，父母还向孩子道谢并加以赞许。随着孩子年龄和能力的增长，就引导他们完成更难的事情。这样，他们进入社会时，在别人的眼里就不会成为怪物。不仅父母们注重培养孩子的责任感和自信心，法律也有这样的要求。德国法律规定，孩子到了 14 岁就要在家里承担一些义务，比如要替全家人擦皮鞋等。德国人常说，自己的首要责任就是让孩子懂得，一个人走向社会最终要靠自己，靠自立和自强，要对自己负责，这样，长大后就能逐步锻炼成为对社会有用的人才。

日本教育孩子有句名言：除了空气和阳光是大自然赐予的，其余一切都要通过劳动才能获得。在这一教育思想指导下，许多日本父母在教育孩子学好功课的同时，要求他们利用课余时间做些力所能及的事，到外面参加劳动赚钱。

而在我国，天津南开区一所重点小学门前，一个女孩左顾右盼，徘徊不前。这个 12 岁的六年级小学生说："我家就在马路对面，每天都是姥姥来领我过马路。她不来，我自己不敢过。"女孩的姥姥来了。她表示："孩子是我带大的，从小就没撒过把。现在路上车太多，太乱！她一个人过马路，被车撞了怎么办？"当时正值中午，小学门前的马路为双向二车道，中等宽度，车流并非特别密集。孩子已经不小了，可以培养她的自立意识，引导她学会自己过马路时，而老人却说："她再大也是孩子，我宁可受点累，也不能让她出危险。"

前苏联作家苏霍姆林斯基写过这样一篇文章，相信它会对父母们有所启发。

一家人到森林中去度假，有爸爸、妈妈、五年级的托利亚和 4 岁的萨沙。

突然雷声大作，飘下几滴雨点，接着大雨如注。

托利亚把自己的雨衣给了妈妈，似乎她并不怕淋雨；而妈妈却又把雨衣给了萨沙，似乎她也不怕淋雨。

萨沙问道："妈妈，托利亚把自己的雨衣给了你，你又把雨衣给我穿上，你们干吗这样做呢？"

"每个人都应该保护更弱小的人。"妈妈回答说。

"那么，为什么我保护不了任何人呢？"萨沙问道，"这是说，我是最弱小的人？"

"要是你谁也保护不了，那你真是最弱小的人！"妈妈笑着回答说。

萨沙朝蔷薇丛走去，他掀起雨衣的下部，盖在粉红的蔷薇花上。滂沱大雨已冲掉了两片蔷薇花瓣，花儿低垂着头。因为它娇嫩纤弱，毫无自卫能力。

"现在我该不是最弱小的了吧，妈妈？"萨沙自豪地说。

"是呀，现在你是强者啦！"妈妈这样回答他。

四五岁的孩子虽然是非常弱小的，但就像文章中的萨沙那样，他并不愿意承认自己是最弱小的人。这就是孩子的自强。

第二节　勤劳是摆脱逆境的良方

犹太人一直被认为是世界上最聪明的人。但是，说某个民族的人生来就比其他人更聪明，不仅是荒谬的，而且是没有任何根据的。如果仔细研究就会发现，犹太人之所以拥有如此多的荣誉，完全在于他们的勤奋和执着。也正因如此，他们会比其他民族的人更容易成功。

在犹太人的家庭里，父母往往非常注意培养孩子勤奋的习惯。犹太人认为：对于勤奋的人，造物主会给他们最高的荣誉和赞赏；而那些懒惰的人，造物主不会给他们任何礼物。

犹太人对于勤奋的理解和我们不一样，在他们眼中，勤奋并不是一味地吃苦，他们会将此认为是不会产生多少作用的蛮干。他们认为，老板可以自己不勤奋，但是他应该能让他的员工勤奋。所以就算是要勤奋，他们认为那也应该是能产生巨大价值的勤奋，而不是一味地埋头苦干。很多成功的商人在最初创业的时候，一般都是靠勤奋才成就一番事业的。在成就事业之后，他们也会勤奋，只是这种勤奋，会用在管理等其他统筹方面的工作上。

犹太人也是非常惜时的。世界上多数民族都将早晨作为一天的开始，公历的一天开始于午夜，而犹太人的一天则是从太阳落山时开始的。当孩子问为什么时，他们说："将黑暗作为开始的人，他的最后就是光明；而将光明作为开头，最后则是黑暗。"以此教育孩子先吃苦，后享受。当孩子问现在是几点钟时，他们总是说："现在是 10 点 21 分 35 秒。"从不说快 10 点半了、10 点多钟。正是因为这样，犹太人的时间观念极强，他们的勤劳也没有浪费。

懒汉们常常抱怨，自己竟然没有能力让自己和家人衣食无忧；勤奋的人会说："我也许没有什么特别的才能，但我能够拼命干活以挣取面包。"

勤奋是无价之宝。培养儿女勤劳的习惯，比留给他们一大笔财产要强得多。有勤劳的手脚与灵敏的头脑，金钱便可随时得到。

作为父母，应该赏识孩子的勤奋和努力，对他们的努力给予最热情的支持和鼓励。不要因为自己孩子的不聪明而气馁，而应该为孩子的不努力而担心。很多情况下，父母应该故意淡忘孩子的聪明，而重视孩子的努力，并把这种理念传递给孩子，让他们感觉到只有勤奋努力才能获得父母的认可和夸奖，进而逐步明白一个道理：聪明往往只能决定一时的成败，而努力则决定了一世的命运。

《羊皮卷》这样劝告世人："最大的烦恼是无所事事，最愉快的事情是人们在忙于工作。"犹太人崇尚工作，讨厌清闲、整日无所事事地游走。犹太人认为，勤勉或懒惰很少来自一个人的本性，很少有人一生下来就是辛勤的工作者，也很少有人是天生的懒虫，而大多数人的勤勉或懒惰都是习性所致。正是因为犹太人具备了勤劳的素质，才为他们的成功创造了条件。

在犹太人心中，成功的背后定有辛苦。远古犹太人要吃果实，就得爬到很高的树上去摘；要生火，就必须花相当长的时间去摩擦石头或木头。因此《圣经》中有两句话：

"流泪撒种的，必欢呼收割。"

"那流着泪出去的，必要欢欢乐乐地带柴禾捆回来。"

在贫穷的年代里，犹太人在非常恶劣的环境中，必须长时间从事繁重的劳动，否则，便没有办法生存下去。犹太人认为这是自愿的勤奋。

外力强迫的勤奋对人自身绝不会有作用，因为一旦外力消失，这种勤奋就不会存在了。自愿的勤奋较易产生出自己的东西，从而逐步培养自己。时间一长，就能确立一个完整的自我。

　　在犹太人看来，懒惰是世界上最大的奢侈，它是诱惑的温床，疾病的摇篮，德行的坟墓。犹太人告诉我们：勤奋能使我们保持头脑清醒，身体健康，内心完美，事业成功。如果你确实有才的话，勤奋将会增进它，如果你只有平凡的才能，勤奋也可以补足它。也许你听说过有些聪明人很懒惰，但你却不曾听说伟人很懒惰。

　　在犹太人的眼中，懒惰等同于无能，所以他们不允许自己懒惰，更不能容忍孩子懒惰。他们总是在告诫自己的孩子："要养成勤奋的习惯，如此才能使自己拥有智慧和力量，从而摆脱贫困的命运。"

　　犹太父母并不是一味地说教，而是用一些有趣的方法来引导孩子成为一个勤劳的人。他们常常向孩子讲些热爱劳动的故事、寓言和童话，和孩子一起劳动。当孩子越帮越忙，把现场搞得乱七八糟的时候，他们并不会着急，而是耐住性子，教孩子改正及示范正确方法。而且，他们总是不失时机地给孩子赞许和鼓励，让孩子知道，他所做的事对家里有着多么大的帮助。

　　聪明的犹太父母，还懂得不断调换孩子的"工作岗位"，让他尝试不同的劳动，如给小宠物洗澡，给家里购物等。他们还会针对孩子的一些弱点，给孩子选择不同的劳动。如果孩子胆小羞涩，他们就会让孩子做一些上街购物之类的事情，从而让他克服胆小羞涩的性格。

第三节　培养孩子良好的意志品质

罗森沃德是全美最大的百货公司西尔斯—娄巴克公司的最大股东，他也是全美 20 世纪商界风云人物。然而，这个做服装生意起家的富翁却也经历了许多创业时的失败与艰辛。

罗森沃德于 1862 年出生在德国的一个犹太人家庭，少年时随家人移居北美。罗森沃德的家境不好，为了维持生活，中学毕业后，他就到纽约的服装店当跑腿，做些杂工。

"我要当一个服装老板。"这是罗森沃德的奋斗目标。到 1884 年，他自认为有些经验和小额本金了，决定自己开家服装店。可是，他的商店门可罗雀，生意极为不佳，经营了一年多，把多年辛苦积蓄的一点点血汗钱全部赔光了，商店只好关门。

痛定思痛，罗森沃德反复思考自己失败的原因。最后，他找出了缘由：服装是人们的生活必需品，但又是一种装饰品，它既要实用，又要新颖，这才能满足各种用户的需求。针对自己出师不利的原因，罗森沃德决心改进。他毫不气馁，继续学习和研究服装的经营办法。一年后，他决定重整旗鼓。他的服装店除了展出他亲自设计的新款服式图样外，还可以根据顾客的需求对已定型的服饰改进，甚至完全按顾客的口述要求重新设计。因为他的服装设计款式多，样式新颖精美，再加上灵活经营，很快博得了客户的欣赏，生意十分兴旺。两年后，他把自己的服装加工店扩大了数十倍，并把服装店改为服装公司，大批量生产各种时装。从此以后，他财源广进、声名鹊起。

在人生的征程中，失败时常发生，每个人都不必悲观，因为失败并不意味着没有希望，相反"失败"是成功之母，活用失败与错误，是自我教育和提高的有效途径。①

教育家卡尔·威特认为：在人的一生中，不论是生活当中还是学习上，都会遇到各种各样的问题和很多预料不到的困难。因此，要是选择一定要竭尽全力，且要能够坚持下去，任何困难都能够得以解决。

卡尔·威特在其著作《卡尔·威特的教育》中这样记录了对小卡尔"坚持不懈"能力的培养过程：

"在卡尔很小的时候，为了训练他的持久力，他母亲先从他的注意力的持久性开始训练，因为注意力持久是行为持久的前提。为了培养儿子注意力的持久性，他母亲用了一个能够引起儿子注意和兴趣的玩具，一只用布做的黄色的小猫。卡尔的母亲先把那只小猫放在儿子前后左右吸引他的注意力，等到他发生兴趣之后就把小猫放在他伸出手差一点就能够得着的地方，吸引他去抓。当他老是抓不着准备放弃的时候，母亲便用手推着他的脚鼓励他：使劲儿！使劲儿……儿子在母亲的鼓励下往往会用力蹬几下腿，尽力地将小猫抓住。在小猫被儿子抓到手后，他母亲就用欢呼和亲吻来庆祝儿子的胜利，让了体验奋斗、成功的喜悦，在卡尔能够爬行的时候，母亲便增加了训练的难度，在他马上就要够着目标的时候，把吸引他的玩具挪到更远的地方，然后鼓励他继续爬着去拿。卡尔的母亲告诉我，这样做既培养了毅力，又练习了爬行，实在是一举两得。"

"卡尔稍大开始学习知识后，我和她的母亲仍然用类似的方法去培养儿子坚持不懈的能力，久而久之就让他形成了一种习惯，只不过后来不是用玩具而是用书本而已。"

"卡尔在学习上每一次有质的飞跃，都是通过在一个困难问题面前坚持不懈地努力的结果。"

① 憨氏. 犹太人智慧枕边书. 内蒙古文化出版社，2005. 6

作为家长，我们要帮助孩子树立信心，培养孩子坚持不懈的良好意志品质，我们要做到：

1. 激励支持孩子的每一次进步

根据孩子的不同年龄，让孩子去完成具有一定难度、经过努力可以做到的事，培养孩子的意志力。孩子克服了某一困难，要给予鼓励和表扬；如再去做一件有困难的事，要给予支持和指导。当遇到困难时，要用孩子以往克服困难的事例，激励他继续努力勇往直前。

2. 要求孩子做事、学习都能善始善终

对孩子要经常性的磨炼，可从小事做起，如作业要认真完成，做力所能及的家务事时，要认真圆满做好，等等。

3. 不要对孩子的一切事情大包大揽

不能"心太软"，看到孩子遇到困难挫折就心疼，就放弃所做的种种努力，久而久之，孩子自然就形成不了坚强的毅力和耐心。

4. 从小事出发，培养孩子坚持到底的习惯

孩子习惯的养成，常常需要意志的磨炼。父母想要培养孩子坚持到底的习惯，就要让孩子从身边的小事做起，如遵守作息时间、按时完成作业、做完作业后收拾书包、自己收拾房间等。培养行为习惯时要对他们严格要求，如要求他们该完成的任务一定要完成，绝不能半途而废；要求孩子改正缺点就要监督他们必须逐渐改正。

5. 培养孩子的兴趣爱好，享受其中的乐趣

孩子们眼里闪着光，满怀期待地"想知道多一点"、"想多做一点"。如果说这种期待的心情是孩子成长过程中最为关键的东西也不为过。乐趣是人们坚持不懈努力奋斗的原动力。如果没有体验到其中的乐趣，就无法持之以恒。

第四节　用延迟满足训练耐力

法国教育家卢梭在《爱弥儿》一书中对已为父母的人说："你知道用什么办法准能使你的孩子得到痛苦吗？这个方法就是：百依百顺。因为有种种满足他欲望的便利条件，所以其欲望将无止境地增加。结果，使你迟早有一天因为无能为力而表示拒绝。但是，由于他平素没有受到过你的拒绝，突然碰了这个钉子，将比得不到他所希望的东西还感到痛苦。"

父母泛滥的爱心，造就了孩子的任性。如此，孩子一旦离开了家庭的圈子，受打击、遭挫折就成了家常便饭，他们事事都不顺心，觉得好像人人都有意跟他们过不去，对孩子的身心会产生不良影响，他们又不能主动自觉地对自己的心理状态进行调整，总是与周围的人和事处于一种对峙状态，时间长了，就很可能酿成心理疾病，如忧郁、偏执、狂躁等。

通过延迟满足可以培养好性格。所谓延迟满足，就是我们平常所说的"忍耐"。为了追求更大的目标，获得更大的享受，可以克制自己的欲望，放弃眼前的诱惑。"延迟满足"不是单纯地让孩子学会等待，也不是一味地压制他们的欲望，更不是让孩子"只经历风雨而不见彩虹"，说到底，它是一种克服当前的困难情境而力求获得长远利益的能力。

20世纪60年代，美国斯坦福大学心理学教授沃尔特·米歇尔（Walter

Mischel）设计了一个著名的关于"延迟满足"的实验，这个实验是在斯坦福大学校园里的一间幼儿园开始的。研究人员找来数十名儿童，让他们每个人单独呆在一个只有一张桌子和一把椅子的小房间里，桌子上的托盘里有这些儿童爱吃的东西——棉花糖、曲奇或是饼干棒。研究人员告诉他们可以马上吃掉棉花糖，或者等研究人员回来时再吃还可以再得到一颗棉花糖作为奖励。他们还可以按响桌子上的铃，研究人员听到铃声会马上返回。对这些孩子来说，实验的过程颇为难熬。有的孩子为了不去看那诱惑人的棉花糖而捂住眼睛或是背转身体，还有一些孩子开始做一些小动作——踢桌子，拉自己的辫子，有的甚至用手去打棉花糖。结果，大多数的孩子坚持不到三分钟就放弃了。"一些孩子甚至没有按铃就直接把糖吃掉了，另一些则盯着桌上的棉花糖，半分钟后按了铃。"大约三分之一的孩子成功延迟了自己对棉花糖的欲望，他们等到研究人员回来兑现了奖励，差不多有 15 分钟的时间。

米歇尔在分析问卷的结果时发现，当年马上按铃的孩子无论在家里还是在学校，都更容易出现行为上的问题，成绩分数也较低。他们通常难以面对压力、注意力不集中而且很难维持与他人的友谊。而那些可以等上 15 分钟再吃糖的孩子在学习成绩上比那些马上吃糖的孩子平均高出 210 分。在米歇尔看来，这个棉花糖实验对参加者的未来有很强的预测性。"如果有的孩子可以控制自己而得到更多的棉花糖，那么他就可以去学习而不是看电视，"米歇尔说，"将来他也会积攒更多的钱来养老。他得到的不仅仅是棉花糖。"这个实验说明：那些能够延迟满足的孩子自我控制能力更强，他们能够在没有外界监督的情况下适当地控制、调节自己的行为，抑制冲动，抵制诱惑，坚持不懈地保证目标的实现。延迟满足能力强的儿童，未来更容易发展出较强的社会竞争力、较高的工作和学习效率；具有较强的自信心，能更好地应付生活中的挫折、压力和困难；在追求自己的目标时，更能抵制住即刻满足的诱惑，而实现长远的、更有价值的目标。

犹太人财商教育最重要的一点，是培养孩子延后享受的理念。就是指延期满足自己的欲望，以追求自己未来更大的回报。他们会对孩子说："如果你喜欢玩，就需要去赚取你的自由时间，这需要良好的教育和学业成绩。然后你可以找到很好的工作，赚到很多钱，你就可以玩更长的时间，玩更昂贵的玩具。如果你搞错了顺序，整个系统就不会正常工作，你就只能玩很短的时间，最后的结果是你拥有一些最终会坏掉的便宜玩具，没有玩具，没有快乐。"

关于如何培养"忍耐之心"，著名教育家裴斯泰洛齐在其著作《葛笃德如何教育她的子女》中进行了如下论述：

自然界会让暴躁的孩子领悟到，面对自然，无论你怎么暴躁，都是徒劳无功的。孩子敲击树木和石头，自然界却岿然不动。于是，孩子会停止对树木和石头的敲打。

接下来，母亲对于孩子随心所欲想要的欲望坚决不予回应。孩子会暴躁、会哭喊。如果母亲对这些也丝毫不为所动的话，孩子就会停止哭喊。这样孩子就能够渐渐地让自己的意志顺从于母亲的意志。忍耐的最初萌芽就是被这样培育出来的。

若是知道如何忍耐，并且有坚定不移的态度，家长自然能帮孩子培养出忍耐的意志力。

第五节　帮助孩子摆脱胆怯

　　蒙特是犹太人，她女儿小的时候，在家里非常活泼好动，犹如小猴儿似的无比顽皮，但一见到陌生人就安静下来，小脸羞得像个红苹果，躲藏着不肯见人。看到女儿如此胆小，蒙特决心锻炼一下她的胆量。

　　一个周末，丈夫在单位加班，女儿做完作业后，就守着电视看动画片，还不时乐得大笑起来。忽然，蒙特灵机一动，捧着肚子叫道："女儿，快过来，妈妈肚子疼死了！"

　　女儿非常慌张，扶着蒙特说："快给爸爸打电话吧，让他回来啊！"

　　蒙特说："来不及了，等爸爸回来我就要被疼死了。"

　　这番话把女儿急坏了，她慌张地问怎么办。

　　"宝贝，你去隔壁豪斯阿姨家，让她过来帮我看看。她是医生，她应该有办法。"蒙特说。平日里女儿最怕豪斯。听到蒙特的吩咐，女儿在那里犹豫不决，左右不是，急得直哭。蒙特硬着心肠说："宝贝乖，快去啊，妈妈快疼死了……"女儿终于去了豪斯家。她真的把豪斯叫了过来，蒙特向豪斯使眼色，然后她们像演戏一样结束了对女儿的考验。

　　豪斯走后，蒙特对女儿说："妈妈现在好多了。宝贝，真是谢谢你了。"蒙特又问："宝贝，你不是怕豪斯阿姨吗？怎么敢去她家呢？"女儿说："我是很怕呀，但是为了救妈妈我在心里不停地给自己打气。"经历了此事之后，女儿的胆怯心理有所好转。蒙特经常开导女儿，带着女儿到公共场合活动，女儿逐渐战胜了胆怯。①

如果你的孩子显得比别的孩子胆小，那么就不要一味地去迁就他，而是应该想办法让他变得勇敢起来。比如，你可以人为地设置一些令他"害怕"的障碍，自己在一旁鼓励他冒险冲锋，克服障碍，让他的胆小和懦弱无处藏身。

家长要对孩子的胆小问题有清楚的认识，包括造成孩子胆小的原因，胆小的主要表现。当然，胆小是可以转变的，家长要树立转变孩子胆小的信心，认真设计具体措施，让孩子从胆小慢慢变得胆大。如果只是简单的说教，可能对孩子不会有太明显的效果。

家长需要站在孩子的立场，用孩子能够接受的方式来对待他们，用孩子的标准来判断衡量他们。作为父母，应该有信心帮助孩子。

1. 克服过分地溺爱孩子，包办代替孩子的一切。胆怯的孩子随时把家长作为"护身符"。孩子一遇困难首先想到的不是如何克服、战胜，而是用家长做"挡箭牌"。

2. 将孩子说出来的这些胆怯表现记下来，而后加以分析：哪些是情景性胆怯，哪些是非情景性胆怯？美国心理学家乔纳森·奇克在其《征服胆怯：个人方法》一书中指出，2/3 有情景性胆怯心理的人，一旦找出原因，就能找到建设性的良方对症下药。

3. 培养幼儿责任心，帮助幼儿克服胆怯行为。在日常工作中，我们常发现孩子对照顾比自己年龄小的弟弟妹妹非常感兴趣，因此，不妨提供机会，让他们去照顾弟弟妹妹，增强其责任心，如请他们在午睡后为弟弟妹妹穿衣服，午饭后带领弟弟妹妹散步，起床后为弟弟妹妹梳头发等。让孩子照顾年幼的孩子时，他们的胆怯心理会一扫而光。这也说明责任可以战胜胆怯。

4. 互换角色。很多孩子胆怯，担忧的是自己的表现，怕在众人面前有让人失望的表现。这种情形怎么办？美国专家建议，胆怯者不妨假设自己是剧中

---

① 李平. 犹太人家教. 中国商业出版社，2009. 4

的某一角色，只是在舞台上表演角色性格。当这样假设时，胆怯感就会减少，逐渐消失。父母可以和孩子互换角色，让孩子当"父母"或"老师"让孩子体验成人的辛苦和口吻，这样很快克服种种顾虑，与父母交流了对他重要的各方面问题。

5. 做好准备工作。如果孩子要陪您赴一个约会，应先告诉孩子来客有哪些，怎么称呼他们。教会孩子一些待人接物的技巧，如会见一个未曾谋面的人时，应先弄清他们的背景。待开始谈话时，他便会感到自我控制能力较以往大为增强了。

6. 鼓励孩子与同龄人交往，在交往中逐渐淡化其胆怯心理。要消除孩子的恐惧心理，鼓励孩子与同龄人接触，在交往中培养孩子的社会性。如利用节假日带孩子去游乐场、公园、动物园等孩子比较多的地方，引导孩子主动与其他小朋友结识、玩耍。请邻居或同班较熟悉的小朋友到家里玩。

7. 不要对孩子要求过高，约束过多。一些父母常常把孩子的行为不自觉地与成人心目中理想的模式相比较，如果孩子达不到父母理想中的目标时就横加指责。我们应该给孩子一个宽松的环境让孩子自然地成长，而在必要的时候再加以适当的引导。[①]

8. 不断给幼儿适当的鼓励，树立幼儿交往的自信心。孩子的胆怯心理不是一两天形成的，所以要树立孩子敢于交往的信心，家长需要不断给予鼓励。开始，孩子只要一有进步，哪怕进步不如家长期望的那么大，都要给予热情和真诚的鼓励，孩子在我们的反复鼓励中，会产生被认可的感觉，增强交往自信心，有助消除交往恐惧。

---

① 李阿梅. 如何帮孩子克服胆怯. 中国学前教育研究会，2007. 1

第六节　契约民族的诚信

犹太人在经商中最注重"契约"。在全世界商界中，犹太商人的重信守约是有口皆碑的。在做生意时，犹太人从来都是丝毫不让、分厘必赚，但若是在契约面前，他们纵使吃大亏，也要绝对遵守。

他们认为"契约"是上帝的约定，犹太人由于普遍重信守约，相互之间做生意时经常连合同也不需要。口头的允诺也有足够的约束力，因为"神听得见"。

犹太人从来都不毁约，但他们却常常在不改变契约的前提下，巧妙地变通契约，为自己所用。因为在商场上，在犹太人看来关键问题不在于道德不道德，而在于合法不合法。

可以说犹太人讲究经商的公正并不是迂腐到不可变通的程度，正是在公正的前提下寻找机会，才使得犹太人经商有了与众不同的特点。

比方说吧，有个犹太人的书店进了一批新书，但销售情况不好。要是其他民族的商人就可能会采取给折扣的方式将它们销出去，而犹太人则不这样。《塔木德》经规定，不允许搞竞价倾销，在合理的价格确定之后，任意降价是有违道德的行为。犹太人会在每本打算降价卖的书中都盖上一枚印章，这就使得新书"变成"了旧书。这样，在他们看来，哪怕是半价销售也都是合法的了，既没有违背经商道德，又达到了低价竞争的目的。

从上述事例可以看出犹太人经商既严谨遵守商业道德和法则，又懂得利用一切机会给自己创造成功的条件。他们的成功是让人心服口服的。

"人最大的痛苦不是被人欺骗，而是不被人信任。"在犹太人看来，取信于人是一生当中最重要的。犹太经典《塔木德》中指出，金钱是山上的树木，诚信是山中的泉水。

当人们问摩根用人方面最看重的是什么时，他明确回答道："我们很注重应征者的信义程度。"他说："一旦你在金钱的使用上有了不良的记录，我们公司就不会雇用你。很多公司也跟我们一样，很注重一个人的品行，并且以此作为晋升任用的标准。即使那个人工作经验丰富、条件又好，我们也不任用。我们这样做的理由有四：第一点，我们认为一个人除了对家庭要有责任感外，对债权人守信用是最重要的。你在金钱上毁约背信，就表示你在人格上有缺陷。但是买东西必须付钱、欠债必须还钱这是天经地义的事。在金钱上不守信用，简直与偷窃无异。第二点，如果一个人在金钱上不守诺言，他对任何事都不会守信用。第三点，一个没有诚意信守诺言的人，他在工作岗位上必定也会玩忽职守。第四点，一个连本身的财务问题都无法解决的人，我们是不任用的。因为多次的财务困难很容易导致一个人去偷窃和挪用公款。在金钱方面有不良记录的人，犯罪率是一般人的10倍。当我们支出金钱时，要诚实守信，这一点也同样适用于我们做人处事。"

摩根的用人标准说明了这样一个问题：诚实是衡量生意人品行的一把尺子。这把尺子，无论在古今中外，它适用于对一切生意人的检验，诚实守信不仅是一个生意人品行的证明，同时，它还使生意人树立起对家庭、对社会的强烈责任感。①

---

① 赵凡禹. 犹太人智慧大全集. 企业管理出版社，2010. 6

第八章

不让金钱腐蚀灵魂

第一节　金钱是一种观念

圣经放射光明，金钱散发温暖。

——《塔木德》

马克思在《论犹太人问题》中写道："犹太人用自己的方式解放自己，他们解放了自己不仅因为他们掌握了金钱势力，而且因为金钱通过他们或者不通过他们成为了世界势力……"

一个关于犹太人的经济神话说：犹太人控制着社区的、家庭的，还有全世界的银行、货币供应、经济和商业。犹太人是真正的世界性的商人。犹太人认为赚钱是天经地义、最自然不过的事，如果能赚到的钱不赚，那简直就是对钱犯了罪，要遭上帝惩罚。

犹太人素把金钱当作世俗的上帝。他们认为，在这个世界上除了上帝之外，就只有金钱最值得人尊敬和重视。

据《塔木德》记载：犹太小孩3岁的时候，他们的父母就开始教他们辨认硬币和纸币；5岁的时候，小孩知道钱币可以购买任何他们想要的东西，并且明白钱是怎样来的；7岁的时候他们能看懂价格的标签，初步养成"钱能换物"的理财观念；8岁的时候，他们可以通过做额外的工作赚钱，知道把钱储存在银行的储蓄账户里；10岁时，懂得每周节俭一点钱，以备大笔开支使用；11～12岁的时候会制订并执行两周以上的开销计划，懂得正确使用银行业务的术语。

对犹太人而言，财富是生存的工具，犹太人认为如果没有钱的话，自己就好像在敌人面前"赤手空拳"一样。

多少个世纪以来，犹太人习惯利用自己的财力，购买特别的保护，以免受反犹太主义恶棍的侵害。举一个例子：飞机飞过海洋时，机内的引擎突然着火，机长要求每一个乘客按照自己的信仰做些宗教上的事。于是，穆斯林朝着麦加跪拜；罗马天主教徒数着念珠祈祷；清教徒唱起了赞美诗；而一个犹太乘客则举着募捐箱挨个地请求募捐。这个故事看起来有些可笑，其实，犹太人最让人津津乐道的应是他们的巨大的物质财富和高超的赚钱之道。他们既知金钱的威力无穷，又惧怕树大招风。即使在这样的矛盾中，作为一个整体的他们却做出了惊人的业绩。以在美国的犹太人为例，一个不足3%的少数团体却拥有5%的全国总收入，比美国的平均水平高出1／3。难怪法国思想家孟德斯鸠不无嫉妒地说："记住，有钱的地方就有犹太人。"

《塔木德》中有很多关于金钱的格言：

"让人不快乐的事有三：烦恼，争吵，空钱包，其中以空钱包为最。"

"一旦钱币叮当响，坏话便停止。"

"用钱去敲门，没有不开的。"

"身体依心而生存，心则依靠钱包而生存。"

"钱不是罪恶，也不是诅咒，它在祝福着人们。"

金钱是世俗的上帝，我们一切好的物质生活都是靠金钱来帮助我们实现的，虽然金钱并不是我们最终追求的结果，但是，确实是通向我们在尘世物质幸福的必经通道。

在《塔木德》中对金钱还有这样的表述："金钱没有臭味的，它是对人类安逸生活的祝福。""金钱是给美好人生的祝福，是人给上帝的礼物。""金钱让说坏话的人舌头发直，金钱让举起屠刀的人呆立发愣；金钱为神购买了礼物，敲开了神那紧闭的门。"

钱可以买到做人的尊严，可以买到社会的地位，因此要获得幸福的生活，必须先有钱，精神才能愉快，生活才可以过得舒服，心情才会高兴，而贫穷的人脸上，则是写满了沧桑和苦难。没有好的生活，人容易悲伤和衰老，心情也苦闷。

因此，在犹太人看来，钱是让人生幸福的前提，是人就应该拥有钱。他们把钱和上帝联结在一起，如果没有钱，甚至连给上帝的礼物都没有，也就是说，没有钱，连上帝也不要了。犹太教的经典是这样说的：钱是美好人生的象征，是上帝给我们的礼物。

日本人藤田在盟军总部工作时发现了一些奇怪的现象：有些美国兵，他们包有女人，坐着高级轿车，所过的生活远较军官们更奢华。"这些兵何以会过着那样优裕奢侈的生活？"他开始观察那些人。奇怪的是，那些人虽都是白种人，但在军中却遭到轻视，被人嫌弃。后来，藤田了解到，原来这些士兵都是犹太人。一般美国士兵们在背地私语时都瞧不起犹太人，称他们为"守财奴"。最有意思的是大多数的士兵虽都蔑视犹太人，可是却不得不对犹太人低头。因为只有犹太士兵才会借钱给那些好玩儿而又没钱的战友们，以赚取利息，每当放饷日向他们收钱，所以他们对犹太人不得不低头。犹太人虽遭到轻视，却毫不在乎，他们非常想得开，不但不恨轻视他们的人，反而借钱给他们，借金钱的力量来征服他们。藤田在不知不觉当中对遭到歧视而毫不发牢骚、以坚强意志求生的犹太人产生了好感，并且开始和他们接近。在《塔木德》有这样一句话："有钱笨蛋说的话，人们会洗耳恭听；相反地，贫穷智者说的话，却没有人记得住。"①

有部分家长是反对进行金钱教育的。中国传统教育明确主张：君子喻于义，小人喻于利。追逐名利是小人行为，让孩子小小年纪接触金钱，学习理财，会染一身铜臭，孩子哪里还有心思学习呢？所以，虽然家长为孩子买吃买穿，给缴学费、培训费、花钱游乐、买保险等，日常生活、经济生活无处不在，但家长不让孩子知道这一切。其实，要不要对孩子进行金钱与消费的启蒙

---

① 周建武. 塔木德——最伟大的犹太致富圣经. 海天出版社，2006. 7

教育，并不难回答。当前，教育孩子的一项基本内容是：学会生存。孩子生活在当今社会，生产、交换、分配、消费是社会生活的基本内容。孩子要学会生存，就是学会在市场经济社会中生存。对孩子进行金钱和消费教育的必要性是不言而喻的，关键是教什么、怎么教。

在对孩子进行财商教育时，应该注意：

1. 别轻易说——"我们买不起"

一天，6岁的明明跟着妈妈去商店。在玩具柜台前，明明盯着橱窗里的那个变形金刚擎天柱停住了脚步。妈妈见状，就对明明说："那么贵的玩具，我们家可买不起！"拉着明明就走。

明明妈妈的这句话的潜台词让孩子费解：是今天买不起，还是永远买不起？或者是不想在这上面浪费钱？其实，明明妈妈完全可以列一个每月开支计划（哪怕是比较粗略的），帮助孩子清楚地明白愿望和实际情况之间的差别，比用"买不起"来搪塞更有说服力。任何年龄的孩子都善于察言观色，通过父母的解释后会放弃。所以，对孩子进行金钱和责任方面的教育，永远不会太早。

平时，全家人可以坐在一起，把自己最想要的东西列出来，排除一些不切合实际的愿望。然后每月划出一笔钱，轮流帮助大家实现愿望。这样的好处在于，让孩子明白，每个人都有实现愿望的机会，而节约和等待将会增添得到心仪礼物时的兴奋。

2. 别开口说——"要啥只管说"

这肯定要宠坏孩子的。这样做的结果，会让孩子觉得，钱总是会有的，价格从来就不是问题。父母最好不要随便送孩子礼物。即使带孩子去商场时，也要事先约定好只买购物单上列出的东西。孩子开始时可能会哭闹，但大多数孩子的适应过程都比父母想象中要快。

我们应该教育孩子树立一种钱要靠自己的能力去获取，用正当的方式来获得，而不是只能靠不劳而获，或者其他投机取巧的方式来获得金钱。孩子对金钱的认识，父母的言传身教真的很重要。①

金钱教育绝不仅仅是一种理财教育，在很大程度上还是一种人格、品德教育。可以借鉴其他国家父母对孩子进行财商教育的方式。

美国孩子："要花钱自己挣"

在美国不管家里多么富有，男孩子 12 岁以后就会给邻居或父母剪草、送报赚些零用钱，女孩子做小保姆去赚钱。他们以此来表示自己有自立意识。这种观念将一直伴随他们的一生。

日本家长不"赏钱"

日本人教育孩子的名言是：除了阳光和空气是大自然赐予的，其他一切都要通过劳动获得。许多日本学生在课余时间，都要到校外参加劳动赚钱。

新加坡倡导储蓄

"节俭和储蓄是美德"，这种传统的价值观在新加坡大人孩子中始终牢固不变。

法国父母让孩子拥有私房钱

法国父母们认为，让孩子早早拥有属于自己的"私房钱"有利于培养孩子经济上一定的独立性。对于这笔不起眼的"小钱"，大多父母们并不主张孩子把它储蓄起来，而是鼓励他们合理地消费掉。消费之后，可跟孩子交流一下感受，如是否合算、满意，然后再帮他们分析一下这次消费是否合理、必要，并从中可以获取什么经验、汲取什么教训等。

父母在孩子如何挣钱、怎样消费、怎么积累金钱等各个方面给孩子做好引导，教孩子正确地去做，这样不但金钱能够增多，还能够享受高质量的生活，从而教孩子做金钱的主人。父母教孩子做金钱的主人，就要让孩子学会用合法的手段挣钱，并享受金钱带给自己的快乐，而不是牺牲很多美好的东西去积攒金钱，成为金钱的奴隶。

有一天，一位无神论者来看望拉比。

"您好，拉比！"无神论者说。

① 怎样对孩子进行金钱教育. 摇篮网，2012. 1

"您好。"拉比回礼说。

无神论者拿出一个金币给拉比，拉比二话没说就把金币装进口袋里了。

"你想让我帮你什么忙呢？"拉比问，"也许你的妻子不能够生育，你想让我帮她祈祷。"

"拉比，不是这样的，到现在为止我还是一个人。"无神论者回答。可是他又给了拉比一个金币，拉比仍是二话没说就装进了自己的口袋里。

"但是你总会有一些事情想问我吧，"他说，"你是不是犯下罪行，希望上帝能饶恕你？"

"不是的，拉比，我一直都安分守己，没有做过任何犯法的事。"无神论者再次回答。

他又一次地给了拉比一个金币，拉比依旧是一句话没说地把金币装进了自己的口袋里。"是你的生意不好，没有赚到大笔的金钱，希望我为你祈福吗？"拉比期待地问。

"不是，拉比，我从来没有像今年这样，赚这么多的钱。"无神论者回答。

更让人感觉奇怪的是，他又给了拉比一个金币。

"那你究竟是想让我干什么呀？"拉比迷惑地问。

"什么事都不干，真的是这样的，"无神论者回答，"我只是想看看一个人什么事都不干，只拿钱能维持多长时间！"

"钱就是钱，不是别的什么东西。"拉比回答道，"我拿着钱，与拿着一块石头、一张纸的感觉是一样的。"

看到了吧，以钱为生，这就是每个犹太人朴素而又自然的生活方式。他们从来都只是把金钱看作是一种手段而不是命运的载体。因而尽管他们把金钱奉为世俗的万能的上帝，但却并没有在金钱面前俯首称臣，成为金钱的奴隶。①

---

① 湘勇. 犹太人经商成功商法. 中国纺织出版社，2009. 6

第二节　不让金钱腐蚀灵魂

在对孩子实施金钱教育的同时，还必须配合金钱无法购买的精神教育，这才是完美的教育。否则，金钱教育就变得残缺了。我们劳动，不仅是为了赚钱，而是为了使人生更具有崇高的意义。

犹太人有这样的谚语："钱是窥视人格的一面镜子。"犹太人虽然爱钱，但他们却只赚属于自己的钱，而不去贪婪不属于自己的钱。他们在金钱诱惑的面前，总能保持足够的定力。一句话，他们绝不让金钱腐蚀自己的灵魂。

《塔木德》中有这样一则故事：

有位拉比平日靠砍柴为生，每天要把砍的柴从山里背到城里去卖。拉比为了节省走路的时间，以便研究《塔木德》，决定买一头驴来代替自己行走。

拉比向阿拉伯人买了一头驴牵回家来。徒弟们看到拉比买了头驴回来，非常高兴，就把驴牵到河边去洗澡，结果驴脖子上掉下来一颗光彩夺目的钻石。徒弟们高兴得欢呼雀跃，认为从此可以脱离贫穷的樵夫生活，专心致志地研读《塔木德》了。

可是出乎徒弟们意料的是，拉比却领他们赶快去街上把钻石还给阿拉伯人，拉比说："我买的只是驴子，而没有买钻石，我只能拥有我所买的东西，这才是正当的行为。"

阿拉伯人非常惊奇："你买了这头驴，钻石在驴身上，你实在没有必要拿来还我，我不理解，你为什么要这样做呢？"

拉比回答："这是犹太人的传统，我们只能拿支付过金钱的东西，所以钻石必须归还给你。"

阿拉伯人听后肃然起敬，说："你们的神必定是宇宙最伟大的神。"

各民族都有"经商应童叟无欺"的说法，不过，犹太民族在执行时特别严格，"唯有诚实正直的经商之道，才是生存处世的最高法则。"

犹太人的诚信当然也给他们带来好的口碑，在这方面的事例举不胜举。

美国凯特皮纳勒公司是世界性的生产推土机和铲车的大公司，它在广告中说："凡是买了我们产品的人，不管在世界哪一个地方，需要更换零配件，我们保证在48小时内送到你们手中。如果送不到，我们的产品白送你们。"

他们说到做到，有时为了将一个价值只有50美元的零件送到边远地区，不惜动用一架直升机，费用竟达2000美元。

有时，无法按时在48小时内把零件送到用户手中，就真的按广告所说，把产品白送给用户。由于经营信誉高，这家公司历经50年而生意兴旺不衰。

现代父母大概都会有一个感觉："教养孩子的花费好高！"父母各自在事业领域冲刺，为的就是要多攒点钱给孩子。于是面对孩子未达自己期望时，"你知不知道我为你花了多少钱？""我这么拼命工作赚钱是为了谁？"等话语，常常就脱口而出，希望孩子能因此了解父母的辛劳，努力去做个好孩子。

可是，你是否曾经想过，将这些话挂在嘴边，其实也是在误导孩子，让孩子以为金钱就是衡量一切的标准，父母对孩子的爱与关怀有多少，就是以父母愿意为他花多少钱来判断。

当孩子产生这样的想法之后，他也许会一如父母所期待的，认真去学习，以免浪费了父母的血汗钱，并且对父母心怀感恩之情。但是，孩子也很有可能认为，父母只是用金钱来换取亲情，以弥补自己不能常常陪伴孩子的愧疚感。

其实我们心中都明白"亲情无价"，但是你是否会在有意无意之间，提示孩子"金钱至上"？你是否经常用金钱来论断你对孩子的爱呢？如果有一天，童稚的孩子问你："爸妈，你们爱我几块钱"时，再来反省与后悔，甚至责骂孩子、告诉孩子大道理，都已经来不及了。①

---

① 熊必环. 要父母慎与孩子进行金钱互动. 文汇报网络版，2005. 9

第三节　"金钱无姓氏"

没有财商教育的家庭教育是不完整的，缺乏理财意识的孩子从小花钱缺乏规划，长大成人后，即使留给他们再多的财富，也会被尽数挥霍，直接影响到他未来在社会的生存状况。孩子不知道社会竞争的激烈，只有明智的父母引导他接受财商教育，才能在未来成为金钱的主人，而不是成为金钱的奴隶。

对于钱，犹太人有自己的看法，他们认为"金钱无姓氏，更无履历表"。钱是货币，是一个人拥有的物质财富多少的标志，他本身不存在贵贱问题。他们自信，通过经营赚来的钱，是心安理得的。因此，他们通过千方百计的经营，尽量赚取更多的钱。所以他们总是不怕生意细微，即使连极其小的生意也是不会放弃的。不管这些钱是知识分子脑力劳动得来的，还是农夫出卖了产品得来的，都是收之无愧，泰然处之。

曾经有个犹太教授在某次演讲中，手中高举着一张 20 美元的钞票。面对会议室里的 200 个人，他问："谁要这 20 美元？"一只只手举了起来。他接着说："我打算把这 20 美元送给你们中的一位，但在这之前，请准许我做一件事。"他说着将钞票揉成一团，然后问："谁还要？"仍有人举起手来。他又说："那么，假如我这样做又会怎么样呢？"他把钞票扔到地上，又踏上一只脚，并且用脚碾它。而后他拾起钞票，钞票已变得又脏又皱。"现在谁还要？"

还是有人举起手来。"朋友们，你们已经上了一堂很有意义的课。无论我如何对待那张钞票，你们还是想要它，因为它并没贬值，它依旧值 20 美元。"

这个犹太人之所以这样做，就是想要告诉大家这样的道理：钱是没有新旧、高低、贵贱之分的，钱就是钱，即使皱了、脏了，也还具有钱本身的价值，不存在"好钱"和"坏钱"之分。

犹太人居住在世界各个地方，虽然他们拥有不同的国籍，但是他们都自视为同胞，而且他们之间经常保持密切的联系。犹太人在经商过程中的宝贵经验是：贸易之中无成见；要想赚钱，就得打破既有的成见。对交易的对象，犹太人也是不加区分的。只要能达成生意协议，能从对方的手中赚到钱，就是能够做的。犹太人观念中，除了犹太人之外，其他人都被称为外国人。为了赚钱，无论是哪个国家的人，都是他们的交易的对象。他们绝对不会轻易放弃一桩能赚钱的生意，所以对交易对象的宗教信仰、肤色、社会性质是不会加以区分的。

犹太人聪明地认识到：要赚钱，就不能有太多的顾虑，不能被原来的传统观念和习惯束缚；要敢于接受新观念，打破旧传统。大家都知道，金钱是没有国籍的，所以，赚钱不应该划分国籍，不应该把自己局限在一个很小的圈子里。这也是犹太人的成功所在。

由于犹太人对金钱不问出处，这样保证了他们的思想不受世俗观念的拘束，是完全自由的。在他们的眼里，什么钱都可以赚，什么生意都可以做，即使"捡垃圾的也可以赚钱"。[①]

从犹太商人集中于金融行业和投资回收较快的行业来看，他们本来就把注意力集中在"钱生钱"。在业务方面，犹太商人精打细算到了无以复加的地步，成本能省一分就省一分，价格能高一点就高一点，利润一定要算税后利润，以免白为税务署做贡献。但在生活上，即使节俭到冬天不生火炉的上海犹太商人哈同，也舍得以 70 万两银元修造了上海滩最大的私人花园爱俪园，并经常在花园中举行"豪门宴"。犹太商人不管工作如何忙，对一日三餐从不马虎，总留出时间，还要吃得像模像样，而且进餐时忌讳谈工作。早期好莱坞巨

---

① 柯友辉. 生存智慧：像犹太人一样思考. 哈尔滨出版社，2012. 11

头之一、同样白手起家的刘易斯·塞尔兹尼克告诫其子大卫（电影《飘》的制片人），说："过奢侈的生活！大手大脚地花钱！始终记住不要按你的收入过日子，这样能使一个人获得自信！"这已经成为好莱坞的经营原则。对于一个商人来说，还有什么比自信自己能赚钱而不是攒钱更为重要的呢？犹太人的这种挣钱观能使那些敢于追求财富的人发挥所有的能力和才智，成为一个真正成功的大商人。①

---

①　吕叔春. 塔木德密码：犹太人的传世智慧. 金城出版社，2011. 11

第四节　天下没有免费的午餐

　　古代犹太国有一位老国王，为了让子孙后代都能发财致富，过上好日子，就对大臣说："你们编一些犹太人从古到今、历朝历代的智慧语录，流传给后人，方便我们犹太人打天下、挣钱，过幸福日子。"大臣们经过很长时间的搜集、整理，编撰了一部长达十二卷的智慧语录。国王认为十二卷太长了，没有人能耐心地看完它，于是大臣们就把这十二卷浓缩成了一卷。国王看了以后还是认为太长了，于是一卷变成一章，一章变成一节，最后变成了一句话，国王这时满意了。这一句话是：天下没有免费的午餐。犹太人带着这句话周游世界，创造了占世界三分之一的财富。天下没有免费的午餐，因此，要想成为一名成功的人，必须要具有积极的心态、采取积极的行动。

　　我们的孩子正生活在"免费的世界"中：只要逛逛商场就能免费试吃各种食物，随时都可以看到免费的赠品、试用品、折扣券、奖品等，但是，免费的东西必定包含其他费用。孩子应该学会这些基本的经营学原理。

　　父母要告诉孩子"免费"的真面目：商品价格包含了哪些赠品的费用？为了得到免费或是折扣商品，耗这么多时间和力气去排队等待，也是一些"无形的费用"，即使这一次我免费得到，下一次也要用另一种方式付出。

　　洛克菲勒在留给儿子的信中讲了这样一个故事：

有一家农户，圈养了几头猪。一天，主人忘记关圈门，便给了那几头猪逃跑的机会。经过几代以后，这些猪变得越来越凶悍以至开始威胁经过那里的行人。几位经验丰富的猎人闻听此事，很想为民除害捕获它们。但是，这些猪却很狡猾，从不上当。

约翰，当猪开始独立的时候，都会变得强悍和聪明了。

有一天，一个老人赶着一头拖着两轮车的驴子，车上拉着许多木材和粮食，走进了"野猪"出没的村庄。当地居民很好奇，就走向前问那个老人："你从哪里来，要干什么去呀？"老人告诉他们："我来帮助你们抓野猪呵！"众乡民一听就嘲笑他："别逗了，连好猎人都做不到的事你怎么可能做到。"但是，两个月以后，老人回来告诉那个村子的村民，野猪已被他关在山顶上的围栏里了。

村民们再次惊讶，追问那个老人："是吗？真不可思议，你是怎么抓住它们的？"

老人解释说："首先，就是去找野猪经常出来吃东西的地方。然后我就在空地中间放一些粮食作陷阱的诱饵。那些猪起初吓了一跳，最后还是好奇地跑过来，闻粮食的味道。很快一头老野猪吃了第一口，其他野猪也跟着吃起来。这时我知道，我肯定能抓到它们了。"

"第二天，我又多加了一点粮食，并在几尺远的地方树起一块木板。那块木板像幽灵般暂时吓退了它们，但是那白吃的午餐很有诱惑力，所以不久它们又跑回来继续大吃起来。当时野猪并不知道它们已经是我的了。此后我要做的只是每天在粮食周围多树起几块木板，直到我的陷阱完成为止。"

"然后，我挖了一个坑立起了第一根角桩。每次我加进一些东西，它们就会远离一些时间，但最后都会再来吃免费的午餐。围栏造好了，陷阱的门也准备好了，而不劳而获的习惯使它们毫无顾虑地走进围栏。这时我就出其不意地收起陷阱，那些白吃午餐的猪就被我轻而易举地抓到了。"

这个故事的寓意很简单，一只动物要靠人类供给食物时，它的机智就会被取走，接着它就麻烦了。同样的情形也适用于人类，如果你想使一个人残废，只要给他一对拐杖再等上几个月就能达到目的；换句话说，如果在一定时间内你给一个人免费的午餐，他就会养成不劳而获的习惯。别忘了，每个人在娘胎里就开始有被"照顾"的需求了。

是的，我一直鼓励你要帮助别人，但是就像我经常告诉你的那样，如果你给一个人一条鱼，你只能供养他一天，但是你教他捕鱼的本领，就等于供养他一生。这个关于捕鱼的老话很有意义。

任何一个人一旦养成习惯，不管是好或坏，习惯就一直占有了他。白吃午餐的习惯不会使一个人步向坦途，只能使他失去赢的机会。而勤奋工作却是唯一可靠的出路，工作是我们享受成功所付的代价，财富与幸福要靠努力工作才能得到。①

---

① 洛克菲勒（Rockefelle J. D. ）（著）、宿奕铭（译）. 洛克菲勒留给儿子的38封信. 中国华侨出版社，2013. 1

第五节　让钱发挥最大的效用

一个犹太财主有一天将他的财产托付给 3 位仆人保管与运用。他给了第一位仆人 5 份金钱，第二位仆人 2 份金钱，第三个仆人 1 份金钱。犹太财主告诉他们，要好好珍惜并妥善管理自己的财富，等到 1 年后再看他们是如何处理钱财的。

第一位仆人拿到这笔钱后进行了各种投资；第二位仆人则买下原料，制造成商品出售；第三位仆人为了安全起见，将他的钱埋在树下。1 年后，财主召回 3 位仆人检查成果，第一位及第二位仆人所管理的财富皆增加了 1 倍，财主甚感欣慰。唯有第三位仆人的金钱丝毫没有增加，他向主人解释说："唯恐运用失当而遭到损失，所以将钱存在安全的地方，今天将它原封不动奉还。"

犹太财主听了大怒，并骂道："你这愚蠢的仆人，竟不好好利用你的财富。"

第三位仆人受到责备，不是由于他乱用金钱，也不是因为投资失败遭受损失，而是因为他根本没有好好利用金钱。

还有这样一个故事。从前，有一个很有钱的富翁，他准备了一大袋黄金放在床头，这样他每天睡觉时就能看到黄金，摸到黄金。

但是有一天，他开始担心这袋黄金随时会被歹徒偷走，于是就跑到森林里，在一块大石头底下挖了个大洞，把这袋黄金埋在洞里。隔三差五，这个富翁就会到森林里埋黄金的地方，看一看、摸一摸他心爱的这袋黄金。

有一天，一个歹徒尾随这位富翁，发现了这块大石头底下的黄金，第二天就把这袋黄金给偷走了。富翁发觉自己埋藏已久的黄金被人偷走之后，非常伤心，正巧森林里有一位长者经过此地，他问了富翁伤心欲绝的原因之后，就对这位富翁说："我有办法帮你把黄金找回来！"

话一说完，这位长者立刻拿起金色的油漆，把埋藏黄金的这块大石头涂成黄金色，然后在上面写下了"一千两黄金"的字样。写完之后，长者告诉这位富翁："从今天起，你又可以天天来这里看你的黄金了，而且再也不必担心这块大黄金被人偷走。"

富翁看了眼前的场景，半天都说不出话来……

别以为这个长者的脑袋有问题，因为在长者的眼里，如果金银财宝没有拿出来使用，那么藏在洞穴里的一千两黄金，与涂成黄金样的一千两大石头就没什么两样。只知道死守着钱、不肯善于利用的人，就跟这个富翁是一样的。①

理财就是管好、用好钱财，使其发挥最大的效用。犹太人的理财不同于其他人，他们理财的目的是用钱赚更多的钱，用余钱进行投资，使之产生最佳的效益，也就是用钱生钱。此外，犹太人理财还是为了从财务的角度进行人生规划，利用现有的经济条件，最大限度地提高自己的人力资源价值，为职业发展作准备。犹太人经常将理财看得和赚钱一样重要，甚至更甚于后者。无论赚多少钱，如果没有好的理财观念和方式，再多的钱到最后也会被挥霍一空。好的理财方式会让自己的钱越来越多，这样的理财方式不仅能为自己积累未来的财富，还能为自己退休以后的生活打好经济基础。

犹太人花钱自有一套方法，据说现在被大家推崇的"信封法"就是犹太人发明的。这种方法是指每个月领到薪水的时候，先准备用来储蓄和投资的钱，放入第一个信封，这笔钱是不能动的，因为这是未来的钱。第二个信封里放伙食费，用于本月的伙食开支，严格控制开销。第三个信封命名为文化生活和社会交际，里面的钱先用于保证必要的人情往来和应酬，剩下的就是犒劳自己的

---

① 吴正治. 犹太人听故事学理财. 青年博览，2008. 9

花费，买些书或者看场电影……当然，信封只是个形式，关键还是自己的理财意识，不管是孩子上学的花费还是妻子的化妆品钱、丈夫的酒钱，都不能动用用来投资的钱。[①]

犹太人认为，投资是一个枯燥无味的计划，是一个通过机械操作而达到富裕的过程。或者说，投资仅仅是一个由固定程序、策略和一系列能使人变富的措施组合而成的计划，这一切几乎能保证你成为富翁。

既然投资和发财就像犹太人说的是照食谱烤面包这样简单，那为什么有那么多人不愿意遵循投资程序呢？那么为何富翁总是少数，乃至在致富机会人人平等的国度里，每 100 个美国人中只有 3 个人是富翁？为什么对大多数人而言，遵循一个简单的计划却难如登天呢？因为人的本性不喜欢枯燥的东西。遵循一个简单的计划是一件单调而乏味的事情，因此人们总要寻求刺激和有趣的事情来做。就是这个原因，导致 100 个人中只有 3 个人是富翁。

很多人都有计划，起先照计划去做，没过多久，就感到这种日子索然无味。于是他们抛开计划，寻找一种能迅速致富的魔法。他们的一生都在单调和趣味往返交错的过程中度过，所以他们没有成为富翁。他们不能忍受日复一日地遵循一个简单而枯燥的致富计划。还有很多人喜欢把简单的事情复杂化，他们也不能坚守简单的计划，非要弄复杂点才认为自己有水平有能力。

许多犹太富翁认为，只有傻瓜才会去迷恋那些快速赚钱、一夜暴富的童话，这种故事只能吸引"单纯"的人。如果一种股票为众人熟知并能赚很多的钱，这就意味着好事已过去了或马上就要过去。[②]

我们以犹太财商教育的精髓思想为核心，为家长归纳出了财商教育的三个方面：掌钱能力、赚钱能力、财富知识。

1. 初级阶段——掌钱能力

这样做的一个好处是，让孩子们从小就培养起量入为出的理财意识，在进

---

① 凹凸. 犹太人想的和你不一样. 印刷工业出版社，2011. 11
② 曹给非. 货币战争3：左手犹太人，右手温州人. 文汇出版社，2010. 1

行消费的同时，会考虑到自己未来的花销和长期的规划。好习惯一旦养成，终身受益。

2. 中级阶段——赚钱能力

更确切地说是培养孩子的赚钱意识，可以更准确地说让孩子了解赚钱的规则，让孩子从获取收入的过程中，了解到财富流转的规则，在工作中还能体味到回报与付出成比例这样看上去简单的道理，小时候的这项功课，将会给他们的一生带来巨大的精神和物质财富。

3. 高级阶段——财富知识

家长们不妨带上自己的孩子亲自办理一些基础的银行业务，告诉他们为什么要把钱存在银行里，不同年限的存款利率为什么会不同，如何填写存单和取款单，怎样给外地的爷爷奶奶汇款，等等。家长要十分注意用自己的理财观念和消费行为来影响孩子。

对于孩子来说，一年中最大的一笔钱就是压岁钱了。在对压岁钱进行管理中，可以对孩子进行投资理财的教育。一则新闻惹爆这一话题：一个 27 岁的白领小青年，从 7 岁开始攒钱理财，用 20 年的压岁钱买房。这位"励志哥"由此被许多人膜拜。其实，家长们若能好好利用压岁钱，作为培养孩子财商观念的起点，从小给孩子养成良好的理财习惯，人人都能超越"励志哥"。

当我们还是孩子的时候，收到大人给的压岁钱后，看一看、数一数，就得乖乖"自动缴库"，全部交给爸妈作为家用或者缴学费，只能留着红包套过过干瘾。转眼自己的孩子也长大了，每年也盼着过年能领到压岁钱。这时，我们需要知道不要用帮孩子"保管"压岁钱的理由，因为这会剥夺他们学习理财的宝贵经验。

一位母亲的儿子在小学五年级时，鬼迷心窍似的"一定"要把压岁钱拿去买昂贵的电动小火车，后来后悔得不得了，因为他接下来想买的东西再也没钱可以支付。

这个教训，让他愿意学习好好记账，规划如何使用并设法增加手边有限的金钱。在记录零用钱"收入"时，他看到自己的"支出"其实有很多不必要的花费；当家长偶尔"赊账"给他时，让他了解了按期还款、注意信用的重要性。当他的存款数字日渐增加，爸爸就开始教他认识什么叫作投资股票、基金、保险，等等。别小看压岁钱的魅力，这是孩子学习理财的第一笔基金。

第六节　钱是能干的仆人

　　犹太人贝德里安站在百货公司的前面，目不暇接地看着形形色色的商品。他身旁有一个穿戴得很体面的绅士，站在那里悠闲地抽着雪茄。贝德里安恭敬地对绅士说："您的雪茄很香，好像不便宜吧？"

　　"2美元一支。""好家伙……您一天抽多少呀？""10支。""天哪！您抽多久了？""40年前就抽上了。""什么？您仔细算算，要是不抽烟的话，那些钱就足够买这幢百货公司了。""那么说，您也抽烟了？""我才不抽呢。""那么，您买下这幢百货公司了吗？""没有啊。""告诉您，这一幢百货公司就是我的！"

　　谁都不能说贝德里安没有智慧，因为，第一，他账算得很快，一下子就计算出了每支2美元每天10支，40年的雪茄烟钱可以买一幢百货公司；第二，他很懂勤俭持家积少成多的道理，并身体力行，从来没有抽过一支2美元的雪茄。然而，谁也不能说贝德里安有"活智慧"，因为他雪茄没抽上而百货公司也没攒下，不得不对绅士表示恭敬。贝德里安的智慧是死智慧，绅士的智慧才是活智慧：钱是靠钱生出来的，不是靠克扣自己攒下来的！

　　犹太商人集中于金融行业和投资回收较快的行业，他们把注意力集中在"钱生钱"，而不是"人省钱"的上面。靠攒小钱来积累财富的人不可能有犹

太商人身上常见的冒险精神。

据儿童心理学家说：孩子对金钱的兴趣可说是与生俱来的，孩子从小就从家庭和父母身上学到金钱观念了。因此，把握生活里的一些机会，适时给孩子金钱教育，是很平常的事情。如同孩子发展到可以掌控自己的肌肉时，就让他自己学习上厕所一样自然。

在中国人的传统观念中，曾有"万般皆下品，唯有读书高"之说，"读书"被看成是一种完全超脱于世俗的精神追求。就是在若干年前，许多人谈到金钱、谈论财富的时候可能还会脸红。教孩子有关金钱的知识，这对很多中国家长来说几乎是一片空白。

大多数孩子从小就被埋在各种益智书本里，即使现在"减负"和提倡素质教育，父母们在课外也只想到让孩子学琴棋书画，唯独忽视了"怎么用钱"这种生存技能的教育。很多孩子因为很少经手钱或仅限于支配少量零用钱、压岁钱，乃至上大学及工作以后理财方面仍是一塌糊涂，大手大脚花钱而且非常缺乏投资理财的能力，这实际上是一种生存技能的缺陷。

有些家长不愿意和孩子谈钱的问题，其实金钱是一种观念，人们很容易看见钱的物质形态而忽视了金钱的"精神"形态。让孩子从小认清金钱的本质有助于培养他们对工作正确的态度，理解金钱与人生的关系，为未来的生活做好准备。因此，循序渐进地对孩子进行金钱观的教育很有必要。

生活里任何和"钱"有关的事件，其实都是给孩子金钱教育的好机会。如果父母能善用这些机会，孩子可以自然而然地学到很多东西。教会孩子从小利用金融理财产品，灵活运用资金，学会"钱生钱"，将能够从小培养孩子的赚钱意识和能力。如给孩子开设独立的银行户头，资金累积到一定程度后，可购买银行人民币理财品，进行基金定投，积少成多。

钱生钱很快。金钱可能不是慈悲的主人，但它绝对是能干的仆人。

第九章

再富也要穷孩子

第一节　再富也要穷孩子

　　有一个犹太商人有两个儿子。父亲宠爱大儿子，他想把自己的全部财产都留给他。但是母亲很可怜小儿子，她请求丈夫先不要宣布分财产的事。她总想找个办法让两个儿子分得平均一些。商人听从了妻子的劝告，暂时没有宣布分财产的决定。

　　有一天，母亲坐在窗前哭泣，拉比看见了，就走上前来问她为什么哭得这么伤心。她说我怎么能不伤心呢？对我来说，两个儿子都一样亲，可是我的丈夫却想把全部财产留给大儿子，而小儿子什么也得不到。在我还没想出帮助小儿子的办法以前，我请求丈夫先不要向儿子们宣布他的决定。但是我到现在也不知道怎样才能解决这个烦恼。”拉比说：“你的烦恼其实很容易解决。你只管让丈夫向两个儿子宣布，大儿子将得到全部财产，小儿子什么也得不到。但以后他们将各得其所。”果然，小儿子一听说自己什么也得不到，就离开家到耶路撒冷去谋生了。他在那里学会了许多手艺，增长了知识。而大儿子一直依赖父亲生活，什么也不学，因为他知道，他是富有的。父亲去世后，大儿子什么都不会干，最后把自己所有的财产都花光了；而小儿子却在外面学会了挣钱的本事，变得富裕起来。

　　实际上，在不少发达国家，对在校学习的孩子要求也是非常“苛刻”的。

在日本，许多学生利用课余时间，在饭店端盘子、洗碗，做家教，在商店售货或照顾老人等，以此挣钱交学费及零用。美国人一贯教育孩子自主自立，七八岁的小孩就成了"小商人"，出售他们的"商品"来挣零用钱。美国中学生有个口号："要花钱自己挣。"每逢假期，他们就成了打工族，自食其力。

有个1周岁左右的小男孩，被年轻的妈妈牵着小手来到公园的广场前，等到要上有十几个阶梯的台阶了，小男孩一下子挣脱开了妈妈的手，要自己爬上去。他用胖胖的小手向上爬，他的妈妈也没有抱他上去的意思。当他爬上两个台阶时，他就感到台阶很高，回头看一眼妈妈，妈妈没有伸手去扶他，只是眼睛里充满了慈爱和鼓励。小男孩又抬头向上看了看，他放弃了让妈妈抱的想法，还是手脚并用小心地向上爬。他爬得很吃力，小屁股抬得老高，小脸蛋也累得通红，那身娃娃服也被弄得都是土，小手也脏乎乎的，但他最终爬上去了。年轻的妈妈这才上前拍拍儿子身上的土，在他那通红的小脸蛋上亲了一口。

这个小男孩就是后来的美国第16任总统——林肯。他的母亲便是南希·汉克斯。

中国人说"再苦也不能苦孩子"，犹太人说"再富也不能富孩子"。于是，中国人说"富不过三代"，但美国的洛克菲勒家族却"富过六代"。实践证明，"再富也不能富孩子"的家庭教育才是正确的教育方式。

古典经济学家凯恩斯曾提出一个经济观点：消费是可逆的，即绝对收入的水平变动后，必然会立即引起消费水平的变化。对此，美国经济学家杜森贝认为这是不可能的，因为对于消费者来说，增加消费容易，减少消费则难。因为一向过着高生活水平的人，即使实际收入降低，多半不会马上降低开销，而会继续保持相当高的消费水平，这个理论就是"棘轮效应"。其实，父母往往没有想过，尽管自己口口声声地说："再苦也不能苦孩子"，但是这种"爱"，看似爱之，实则害之。因为一旦孩子的消费"水平"上升，便很难再降下来，就像"齿轮"一样，只能前进，不能后退。长久下来，孩子极易养成"浪费"的习惯，只懂挥霍金钱，贪图享受，拒绝"吃苦"。让孩子从小就知道衣食的来之不易，懂得赚钱的艰辛，这比金钱更让孩子受用不尽。

在这个充满竞争、复杂多变的快节奏的现代社会，要求每一位社会成员都要具备较强的应变能力。而现代家庭里的孩子大多是独生子女，物质生活相对优越，许多事情都由大人包办，衣来伸手，饭来张口，孩子在这样的环境中免不了失去独立生活的能力。这对以后孩子参与社会竞争是十分不利的。因此为人父母者要从小就培养孩子的独立能力。家长应该让孩子成长为一棵独立支撑、独当一面的大树，而不是靠大树遮风挡雨的、经不起风吹雨打的脆弱小草。

很多父母想把自己所有的一切都留给孩子。对此，著名作家小霍丁·卡特这样表示："我们希望有两份永久的遗产能够留给我们的孩子，一个是根，另一个是翅膀。"他这样阐释自己对于"遗产"的看法。"根"就是一个人的心性和品质；"翅膀"则代表了他适应世界的生存能力。孩子首先应该拥有积极向上的人格，这样才成其为健康的人的根本。而勤劳、勇敢和耐挫性则可以帮助他在人生的道路上奋勇前行。只有这些才是家长应该给孩子留下的最宝贵的财富。

第二节 零用钱里的财商教育

"恭喜发财！"是最受欢迎的吉祥话，市面上到处可见教人如何成为富翁的书。然而父母却认为与孩子谈论金钱，是件令人尴尬和不恰当的事。于是金钱就成了关起家门，夫妻间小声谈论的话题。晚饭时，父母会仔细地询问孩子在学校的很多事情，但是很少有父母会把金钱当作话题。古今中外，我们都知道对孩子进行理财教育并不是件容易的事，就连理财教育行之多年的美国父母也都认为，对孩子进行理财教育比对他们进行性教育更难。

究竟如何进行理财教育呢？对孩子进行理财教育的最好方法，就是和孩子开诚布公，坦然地讨论金钱。美国著名的财务顾问瑞克·爱德曼曾经对经济方面成功的 5000 名客户进行调查，结果很快就找到一个共同点，就是在餐桌上和子女讨论有关金钱的问题。

如同《富爸爸·穷爸爸》的作者罗伯特·清崎所说："如果父母不愿意在晚餐时与孩子谈论金钱话题，那么孩子长大后，绝对不会明白如何管理金钱。"

关于零用钱的教育，是孩子财商培养最基本，也是最重要的一个方面。为了做好零用钱教育，首先要让孩子正确认识零用钱的概念。

零用钱就是"孩子根据自己的判断，可以自由支配的钱"。这里不包括买文具或书等已规定好用途的钱。家长给孩子零用钱的意义在于让他们拥有使用金钱的决定权，因此，"零用钱"正是孩子最初真正接触到的"钱"。孩子第一次可以自主决定用途和金额，所以零用钱教育在孩子一生中就显得格外重要。管理零用钱的能力将成为孩子日后能否独立自主、担负家庭生活，进而能否指引国家经济的基础。零用钱教育绝对不像想象中那么简单。因为对零用钱的金额、支付周期、支付方式都没有适合大多数孩子的统一原则。

从几岁开始，可以独立让孩子拥有自己的零用钱？父母也可以参考以下几点原则：1.孩子是否有交通和饮食的需要；2.孩子身边的同学是否都已经有零用钱；3.当孩子提出请求时，是父母给予零用钱，并对孩子进行金钱教育的最佳时机。

洛克菲勒一世小的时候，他爸爸从来不白给他零用钱，每天早上就让他到田地里去干农活，比如，挤牛奶、除草之类他力所能及的工作。每天他就把这些活记下来，看看自己干了多长时间，然后按照一个小时 5 毛钱（我这里将原始数字稍作处理，便于理解）和他的爸爸结账，由他的爸爸核对时间后，再给他零用钱。

"一个星期只给 2 元钱，十一二岁也就是刚上初中的时候，一个星期给 5 元钱作为零用钱，十二岁以上的，每个星期给 10 元钱的零用钱。"洛克菲勒一世的儿子，洛克菲勒二世还对他孩子们这些零用钱做了规定，必须分作三个用途，自己花一部分，存下来一部分，还有一部分要去施舍给更需要的人，比如，地震受灾的小朋友们。

并且，洛克菲勒二世还给孩子们每人发一个账本，每一分钱的用途和时间都要记下来，在下个星期发零用钱之前要交给家长审查，如果账目记得清楚，并且用途正当，这个星期就可以多领 1 元钱的零用钱，不然，就要从这个星期的零用钱里面扣掉 1 元钱。洛克菲勒二世规定他的孩子做家务可以得到报酬，赚到更多的零用钱，比如，捉到 100 只苍蝇能赚到 1 元钱，抓到一只老鼠奖励 5 毛钱。背菜、拔草也能得到零用钱。[①]

儿童面临的最大问题是零用钱如何花。我们可以看看洛克菲勒孙子约翰零

① 程灵锟. 饭桌上的经济学. 团结出版社，2010. 6

用钱处理的几条细则：

1．5 月 1 日起约翰的零用钱起始标准每周 1 美元 50 美分；

2．每周末核对账目，如果当周约翰的财政记录让父亲满意，下周的零用钱上浮 10 美分；

3．双方同意至少 20% 的零用钱将用于储蓄；

4．双方同意每项支出都必须清楚、确切地被记录；

5．双方同意在未经爸爸、妈妈的同意下，约翰不可以购买商品，并向爸爸、妈妈要钱。

美国总统奥巴马 12 岁大女儿玛莉亚和 9 岁小女儿的萨莎，必须要做家务才有零用钱。奥巴马接受访问时，曾经表示对他的两个女儿管教严厉，如果做家务，每星期能领得 1 美元的零用钱，家务包括布置餐桌，清洗碗盘，打扫自己的房间和衣柜等。第一夫人米歇尔说："女儿不许出现以下行为：抱怨、哭闹、争辩、纠缠和恶意嘲笑。"女儿要自己整理床铺、自设闹钟、自己起床、自己穿衣服。奥巴马说："一次我离家几星期，女儿玛莉亚对我说，'嗨，你欠我 10 个星期零用钱啦！'"

家长用"如果做这件家务，就给钱"的诱导方式。严格来说，这就是一种"贿赂行为"。利用孩子想要钱的心理，物质刺激孩子，使孩子变得更乖，这几乎是不可能的事。就算短期内效果显著，长期看来也是有限的。

其实这也好办。

美国的教育学家建议，不要为孩子们所做的每一件小事支付报酬，有些活是要"付费"的，有的却是"非付费"。付费的工作——不完全属于自己的事，而是为集体（家庭）做贡献的。比如：公共区域的卫生、洗车、修剪草坪、修理屋顶等。

非付费的工作——完全是自己的事，只是为自己服务的，以及一些孩子该做的基本小家务。比如：洗自己的衣物，整理自己的床铺和房间，洗碗，扫地等。这些都是应该做的，所以没有报酬。

50 岁出头的市濑是一位资深的日本经济记者，还同时是一男一女两个孩子的母亲。因为职业关系，市濑对孩子的金钱意识培养特别注重，在孩子们才刚上小学二年级的时候，就开始给孩子们零花钱让孩子们学习如何支配。

市濑每月 1 日召集两个孩子一起召开家庭会议。家庭会议上，孩子们必须出示前一个月零花钱的使用明细，并做必要说明。同时，孩子们还必须在家庭会议上提交这个月想购买的物品的清单和预算表，市濑根据孩子们前月零花钱使用情况，以及本月购物预算，来当场决定孩子们本月零花钱的金额。

到孩子们上中学的时候，市濑给孩子们的零花钱不再是清一色的日元，而是美元和欧元等其他国家的货币。市濑通过这样的方法来增强孩子们的经济意识。因为自己的零花钱变成了外国钱，孩子们要用钱就得先进行货币兑换，这样一来，孩子们不自觉地开始关注银行的汇率变动。有一次，市濑照例召集孩子们开家庭会议的时候，孩子们对她说："这个月日元在上涨，这月的零花钱能不能给日元呢？"

到两个孩子开始上高中的时候，市濑不再是按月给孩子们零花钱，而开始采取"年薪制"的方法。市濑说：这样做的目的，是希望孩子养成有规划的金钱支配习惯。

现在，两个孩子已经都是大学生了，市濑让两个孩子各自选择自己希望能够就职的公司，教孩子们如何购买这家公司的股票，以帮助孩子们进行股票投资的方法，来付给孩子们零花钱。市濑认为这么做可以一举两得：不但培养了孩子们的经济头脑，还为孩子们大学毕业后去这家公司应聘时，预先埋伏下良好印象。①

给零用钱的方法固然重要，给零用钱的周期也非常重要。孩子年龄越小，计划与控制的能力越差，因此，给零用钱的间隔应该越短。刚开始在孩子需要的时候给他少量的零用钱，随着他管理金钱能力逐渐延长周期。一般而言，小学生可以采用每周一次，中学生和高中生可以每月一次。给零用钱的日子应该和孩子一起讨论规定，最好定在星期天晚上或星期一早上。这样做有两个好处：一是可以防止周末过度消费，二是每星期开始前给钱，有助于孩子做好一周的用钱计划，引导孩子有计划地消费。

① 唐辛子. 唐辛子IN日本：有关教育、饮食和男女. 复旦大学出版社，2010. 8

　　零用钱的标准应酌情而定，要考虑到零用钱将要涵盖的消费项目，要考虑到父母的经济状况，要考虑到市场行情（参考其他小伙伴的标准），要考虑到孩子的年龄水平。一般说来，10 岁前的孩子的零用钱通常不包括日常的生活消费，如车费、饭钱等。7 岁以下，建议每周的零用钱不要超过 5 元。

　　根据美国社会学者朱丽叶·B·肖教授的调查结果，与单薪家庭的孩子相比，双薪家庭孩子的消费行为更加频繁，购物经验比较丰富，而且在独自购物方面学习得比较快。她认为出现这种现象的原因是：父母不能陪孩子而产生的"愧疚感"。父母觉得自己没有尽到责任，所以对孩子的消费行为采取放纵的态度。双薪父母常常会抱着这样的心情："这个东西不算贵，就买给孩子吧，何必因为这点钱委屈了孩子。反正家里有两个人赚钱，经济上没有太大的压力。""平常为了工作，都没有办法好好陪伴孩子，可以用钱稍微弥补一下，也是件好事嘛。"这让孩子很容易变得娇生惯养、缺乏责任感，甚至过了而立之年还要靠父母生活。理财教育的基本是"零用钱"。双薪家庭的父母需要做到定期给孩子定额的零用钱，不能过于随意，而且要教导孩子有计划地消费。

　　零用钱是在生活中给孩子树立经济观念的最有效果的、最容易的方法。零用钱能否发挥教育意义，完全取决于父母。在忙着掏钱给孩子之前，要先考虑这样做给孩子带来的影响。总的说来，零用钱的教育核心，是要让小孩子得到那种经过艰苦奋斗而来的满足感并学会享受和珍惜它。

第三节　从做家务中体验赚钱的艰辛

在中国出现了一个流行词：孩奴。认为，有了娃儿的父母，就是孩子的"奴隶"，要为孩子的吃、穿、住、行，教育和健康等方面，负责到底。一家人的开销，几乎全给了娃儿。越是把自己当成孩奴，越有可能养出"啃老族"，这是一种恶性循环。很多父母说，怎么爱孩子都不够，觉得自己把孩子送进最好的学校，提供最好的教育，给予最好的营养，搭建最安全的堡垒，就会塑造出精英和栋梁。中国现在还没有进入经济强国，很多家庭还徘徊在中产阶级的门槛外，但对于养孩子，却表现出未富先娇、未贵先奢的教育理念。这是近几代中国父母们的误区。

中国父母从不忍心让自己孩子做家务事。当孩子主动表示愿意做家事时，有些父母甚至劝阻："不要花时间做这些，把书念好就行了。"对家务毫不关心的孩子，难道真的能够成功，对父母满怀感激之情？能对这个问题做出肯定答复的父母也不多吧？

犹太家长把学会独立生存作为最好的礼物送给孩子，绝不让"啃老族"流向社会，他们觉得那会让孩子摔得更狠。爱孩子就要为他深谋远虑。即使是非常富裕的犹太家庭，孩子也必须要做家务。犹太人13岁即为成年，就要出去打工挣钱养活自己，如果想学习哪项技能，父母会缴纳学费，但这笔费用将来必须要还给父母。

其实，孩子帮大人做家务事，并不像父母以为的那样浪费时间，反而是一种宝贵的学习经验。因为这些看起来很容易的家务事，其实包含许多需要解决的小问题，就以钉钉子为例，孩子要有自己的计划和准备。

犹太人在教育自己的孩子要学会劳动时，比较注重三个层面。

原则一：固定劳动岗位

犹太父母会给孩子确定一个长期固定的劳动岗位，比如，说洗碗、铺自己的床等，而且还规定了具体的标准。如果完成得好会给孩子一定的奖励。有意逃避劳动的，应与孩子交谈，了解其心理状况，并根据具体情况加以解决。

原则二：随时教授孩子劳动技能

由于孩子比较小，在做事时或许会越帮越忙，比如，洗碗反而打破了碗等，这时不要责备孩子，更不要由此不让孩子做事，而是需要教给他一些做事的技巧。

原则三：家长在选择劳动岗位应有的放矢

犹太人有两个地方值得每一个父母借鉴：一是"推进"，孩子有哪方面长处，可以为他选择相关联的劳动活动。如孩子喜欢看母亲做菜，家长可以让孩子试试手。二是"弥补"，孩子有哪方面弱点，则可以选择一些对他弱点进行锻炼的劳动活动。如孩子胆小羞涩，可以让孩子上街购物等，从而让他克服胆小羞涩的性格。

根据《塔木德》的记载，犹太人在让孩子学习知识之前，都会让他们获得一些做事情的基本能力。他们认为一个连做饭都不会的人是没有资格做学问的。在犹太人看来，单纯拥有知识的人会对自己过分自信，最终导致自身的毁灭。因此，犹太人鼓励孩子勇于实践，将实践看成是增长智慧的有效途径。

犹太人认为，对实践毫无用处的知识是空洞的，就像被风吹走的碎屑一样，每个父母都应该让孩子知道如何更有效地利用知识并让它服务于实践。做父母的应该明确地告诉孩子，没有比既能做事又能做学问更好的了。因为，没有劳动的学问结不出果实，相反可能导致罪恶。

一旦要给孩子分配家务活，家长遇到的最大绊脚石就是不了解哪些家务活应该交给多大的孩子。一般来讲，儿童先会从自理项目入手，这包括大小便、自己穿衣服和吃饭。到了三岁，幼童可以担负起自己穿衣服的责任了。再大些的学龄前幼儿能够浇花、擦桌子，以及把洗好的衣物按不同颜色进行分类。到了四岁，他们便可以在家长的监督之下洗手和刷牙了。

与不想让孩子做他力所不能及的事一样，你也不要低估他的能力。家长有时候会惊讶于小孩能够自行做好家务。随着你对孩子能力的认可，当他们能承担较多的家务活时，你得赋予他们更大的权限。心理分析家威尔弗雷德·柏昂就把"奴役"定义成"有责无权"。当你交给子女一件事情时，要让他们在最大的合理范围内自行决定该如何操作，不要固执地认为他们做事的方式必须跟你如出一辙。虽然孩子们还处在摸索阶段，而你已经是专家了，但重要的是他们并不是你的浓缩版。①

父母认为用言语的方式就能让孩子了解这个世界，事实上，孩子必须通过亲自体验才能真正了解社会，他们需要更多的直接经验和亲身感受。如果想让你的孩子真正像金子一样珍贵，从今天起让他做家务事吧，这是让孩子正确懂得认识金钱、理解赚钱辛苦的机会。

① 温迪·莫格尔. 放下孩子：犹太人的家教制胜之道. 广西科学技术出版社，2010. 5

第四节　当一个富豪的妈妈

很多中国父母都活在一种左右摇摆的矛盾心态中，既希望自己的孩子将来能成为大富翁，却又似乎害怕孩子过早地沉迷于金钱。就好像，既希望孩子将来能有个幸福的家庭，却又害怕孩子现在会早恋一样。这是一种典型的叶公好龙。犹太人用敲击金币的声音迎接孩子的出世，赚钱是他们人生的终极目标，至于教育、学习都是为了达到这个目标必须经历的过程。而中国的父母，哪怕心中憧憬无比，但却从来不肯挑明这个话题。这句话很难说吗？其实只是简单的一句："孩子，我想当一个富豪的妈妈。"①

现代社会到处充斥着金钱的影子，许多人都睁大了双眼，寻找着可以创造财富的机会，做着同样的金钱美梦，但是把自己的梦圆得最好的，要数犹太人。

犹太民族巨贾富商人才辈出，如天上的星辰一样繁多，这些一方面与他们的民族性格有关系，另一方面也与他们的后天家庭教育和熏陶有关系。犹太人重视教育，其中一项重要内容就是对孩子金钱观念的培养。

在家庭中孩子帮忙做家务父母是要付费的，并且父母们采取彻底的同工同酬制度，孩子所得薪酬标准视工作的难易程度而定，却和年龄的大小无关。

---

① 张文韬. 孩子，我想当一个富豪的妈妈. 青年文摘红绿版，2008. 12

一位在中国出生并居住多年的犹太人沙拉重新回到以色列后，也经历了中国教育与犹太教育的困惑。最终，这位母亲对孩子进行了犹太教育。她讲述了这样的一个事例："当老大在法律课上学习了移民法后，他告诉我像我们这样的家庭应该可以去移民局领取安家费。我半信半疑去了，结果一下领回了6000谢克尔（约合人民币10900元）的安家费，这对我们一家来说可是一笔了不得的财产。然后，老大跟我说因为他给我提供了信息，我应该付给他10%的酬金。我犹豫很久，终于决定把600谢克尔这笔大钱给他，他拿到钱后，给我和弟弟妹妹都买了很漂亮的礼物，剩下的钱，他说他会拿去变成更多的钱。老大用这笔酬金邮购了一批在国内很便宜的文具，然后去学校进行售卖，利润再投入继续进货，1年以后，他户头上的金额就已经超过了2000谢克尔。"

犹太人认为，金钱并非铜臭，更不会玷污童稚之心，相反，让孩子很早就接触金钱对其财商的培养是很有益处的。

西方教育专家们普遍认为：犹太人对孩子金钱意识的培养开始于3岁，此时父母们就制订出了适合各年龄阶段的计划：

3～4岁，孩子应该在父母的帮助下学会自己辨认钱币种类，认识币值多少；

4～5岁能够在父母监护下用钱购买一些简单的小商品；

5～6岁在父母的教育下知道钱来得不容易，要想得到它必须付出艰辛的劳动；

6～7岁可以数1000～5000美元的钱，能用储蓄罐等东西储钱，培养"这是我的钱"的意识；

7～8岁自己可以看懂商品价格的标签，能和自己口袋里的钱比较，判断自己有无购买此商品的能力；

8～9岁自己明白在银行开户存钱，能自己工作挣零用钱，如卖报、擦皮鞋、做家务等；

10～12岁亲身体验到赚钱绝非易事，要有一定的节约观念，绝不忽视一分钱的价值；

12岁以后可以像成人一样参与任何商业活动。

在这样的家庭教育下，犹太人在很小的时候就懂得了一些金钱与金融方面的知识，这无疑使犹太人在金融方面拥有别的民族无法比拟的优势，为他们以后能够一直垄断着世界金融行业打下了坚实的基础。人们称犹太人是"天生的金融家"，这句话很有道理。[①]

有这样一个笑话：

一位犹太银行家的儿子取得博士学位后，放弃了犹太教，改信基督教。这深深刺伤了银行家的心，尽管两个小孙子经常来看他，他仍是闷闷不乐。

一天，银行家看见两个小孙子在剪纸玩，便问他们在玩什么游戏。"我们在玩银行家的钱！"孩子们不假思索地回答。老头儿一听，非常高兴："小孙子的身上仍然是我的血统！"

这个笑话反映了犹太人是以对钱的信念而不是宗教信仰作为犹太"血统"的界定。事实就是如此，很多犹太商人，比如，美国盈利最大的出版商纽豪斯报系的所有纽豪斯人等，都曾经为了取得"钱"上的成功而放弃了犹太教，但是他们仍被视为犹太人。这样的例子不胜枚举，它们充分说明，在宗教和"钱"不可兼得的情况下，许多犹太人还是舍弃了宗教。

---

① 娜娜. 犹太人的"金钱观"教育. 老年教育（长者家园），2010. 2

第五节　节流不可小觑

犹太人有句格言："简朴让人接近上帝，奢侈让人招致惩罚。"

犹太父母在教孩子理财的时候，也会把节俭的美德灌输给孩子，让孩子知道节省每一分钱是多么快乐的一件事情，例如，当你以比其他人低的价格买入一件商品时，那种自豪和成就感是无法形容的。在犹太家庭中，即便是一些大富翁，他们也会要求孩子学会节俭，不乱花一分钱。

犹太父母教孩子学会节俭，是从生活中的小事开始的。比如，在日常生活中，我们购买的东西里，很多都是暂时用不到的，这就形成了一种浪费。针对这种情况，犹太父母会这样教育孩子：用钱的时候要制订一些计划和规矩，要知道哪些钱该花，哪些钱不该花，尽量避免不该花的消费，做到节俭节约不浪费。

"为什么犹太人这么精于理财？"一个法国人问巴黎一家熟食店的犹太老板。

"答案很简单，"老板回答说，"因为犹太人吃鲱鱼。"

此后法国人天天光顾这家熟食店，大吃特吃鲱鱼。

几天之后，这个法国人来到这家熟食店，他满脸怒容，咆哮道："你好大的胆子，鲱鱼敢要我5法郎，附近那家店才卖3法郎。"

"这就对了，"犹太人说，"我看你已经变聪明了，会理财了。"

　　犹太人的花钱习惯是，在选择性的奢侈和精打细算的节约之间寻求平衡，节俭并不等于吝啬。

　　来看一下犹太人给自己列的生活清单吧：

　　消费：1. 购买便宜一点点的汽车，尽量开久一点；2. 吸烟危害健康，不抽烟；3. 放弃垃圾食品和办公室咖啡；4. 利用互联网购买定期人寿保险；5. 一周从家带一次饭；6. 一周用 5 美元的打折券；7. 常在家吃饭。

　　生活：1. 尽量维持婚姻，因为离婚很昂贵；2. 注意身体健康；3. 买房子，不要租房子；4. 避免到会员制大卖场大买特买；5. 避免信用卡消费和债务；6. 降低长途电话费用；7. 购买大物品时先上网或在报上查一查。

　　通过大量的研究发现，"慎重花钱"是犹太人的一个消费习惯，而且他们在消费时有一个共同想法："我不喜欢浪费钱，但是如果这样东西对我很重要，我宁愿买最好的。"尤其是在子女上学方面，犹太人一般都将子女送到价格昂贵的精英大学。在犹太移民史中，节约和厉行储蓄的倾向，产生了深远的影响。犹太人算了一笔账，如果你从 21 岁开始，只要每个月储蓄 175 美元，以保守的投资回报率 8% 计算，到 67 岁时会变成 100 万美元。但是犹太人除了在教育和饮食方面比较"奢侈"外，也是美国出版业公认的爱书人和精装书的主要消费者，为了先于别人获取知识和信息，买书时他们毫不客气。

　　曾经有人问过非洲的圣子——施韦泽博士："子女教育中重要的三点是什么？"他则回答："第一是榜样，第二是榜样，第三还是榜样。"在金钱问题上父母一定要保持明确的价值观，不要给子女造成混乱。

　　父母在生活中要特别注意，小至购买生活用品，大至进行投资，一定要言行一致。如果孩子看到自己的父母只是嘴上嚷着要建立正确的节约观念，日常生活中却毫不理智地过度消费，就不可能正确认识金钱。实际调查结果证明，习惯过度消费的父母教育出来的孩子，大多也存在着花钱挥霍的毛病。

　　要教孩子养成储蓄观念。美国家长，特别是华裔家长，很重视培养孩子的储蓄观念。例如，有的小孩喜欢吃冰淇淋，如果买一杯要花 50 美分的话，家长就告诉他："你想吃可以，但是今天只能给你 25 美分，等到明天再给你 25 美分时，你才能买来吃。"这就是孩子储蓄观念的萌发。

《塔木德》说："节约是生财之源，节约是理财之方。"犹太人的理财经验为我们走向成功奠定了良好的生活参照。

虽然节俭节约能为我们省下一大笔开销，但犹太人却认为，单靠节俭省下来的钱是无法积累成巨大的财富的，想要拥有更多的财富，就要依靠自己的智慧去挣钱。因此，犹太父母在教孩子节俭的同时，也提醒他们：节俭是必须的，但不是让财富增值的唯一途径。

第六节　朴素的生活也很美

有一句犹太格言："质朴的坛子里酿的是很贵的酒。"这句话旨在教育人们不能只凭穿着和财产来判断一个人。另外还有一句格言："驴子到了耶路撒冷也还是驴子。"这句话的意思是说，就算让驴子穿上学院服，佩戴上勋章，驴子也不会有任何变化的。但是有很多人都注重外表，他们认为人只要穿上昂贵的衣服，配上高等头衔，马上就不一样了。再漂亮的保险箱，里面也经常是空着的。

"银子很重，但我们不能把它看得很重。"这是纽约犹太界的代表人物菲利普·J·戈达德夫人的处事法则。这句话警告那些把金银珠宝看得重的人，在向别人炫耀的时候，有可能带来危险和灾难。

事实上，虽然戈达德夫人穿的衣服都是用高级面料制作的，但她从不穿貂绒般华贵的衣服，也不戴不必要的配饰。她家的墙上虽然挂着名画，但她从不会把它们摆到显眼的地方炫耀。有时，她会适当地使用一些好东西，但从不炫耀，更不会让外人感到反感。

股神巴菲特是世界顶级富豪，但他的子女却不像"富二代"。小巴菲特们与那些非常有钱的"富二代"比起来，显得很"朴素"：他的女儿苏茜，是奥马哈一家纺织品商店的老板；大儿子豪伊，是伊利诺伊州的一名普通农民；小儿子皮特，是纽约的一名音乐家。生活中，巴菲特对孩子们似乎吝啬得很。巴菲特曾给大儿子豪伊买下了他现在经营的农场，而豪伊必须按期交租金，否则立即收回。巴菲特对小儿子皮特音乐事业的支持绝对限于金钱之外。巴菲特将伯克希尔·哈撒韦公司股票的 300 亿美元捐赠给比尔与梅琳达·盖茨基金会的同时，也给 3 个孩子各 10 亿美元的资金，希望孩子们能利用这些钱建立起自己的慈善事业。豪伊表示，在他刚刚获得父亲的 10 亿美元基金时，他马上开始投入到拯救印度豹的行列中。他还利用这笔钱在南非买了一块地，建立一个印度豹保护基地。后来，豪伊与盖茨基金会合作，开始投入资金研究抗旱玉米，他希望，21 世纪的基因技术能帮助非洲农民解决 19 世纪就遗传下来的温饱问题。豪伊在加纳北部投资 160 万美元训练当地农民的土壤管理技术；在中美洲，他又投资 2000 万美元改善当地的农作物种植和收割技术。巴菲特从未到过非洲，针对儿子在非洲艰苦的生活方式，他感叹："我受不了那种生活。"①

到底是给孩子更时尚的生活，还是时时注意培养孩子"艰苦朴素"的作风？有以下几点需要注意：

1. 适当满足

对待孩子，你要让他明白，有愿望可以，但不是所有愿望都能达成。不能满足孩子要求的时候，要告诉孩子原因，是东西不实用，还是经济条件不允许。孩子的接受可能有个过程，但这就是你们之间的规则。

2. 选择性满足

答应还是不答应，家长要心里有个底儿。首先，要看是不是影响孩子健康，如穿高跟鞋、做美甲，对孩子发育有害，当然不能答应。其次，要看孩子是出于什么目的来要这个东西的，如果明明不是他喜欢的类型，只是一味地追求和其他小朋友攀比也不能答应。

---

① 巴菲特的孩子生活很朴素大儿种地，小儿作曲，女儿是店老板. 城市信报，2009．8

3. 尊重孩子的审美

家长喜欢的未必孩子都接受。有研究表示，宝贝最喜欢的是服装上的装饰物，其次是款式和色泽，面料完全在他们关注之外。有时，家长也要尊重孩子的选择。

4. 注意防止攀比

不宜让孩子对名牌和高档消费有太强的印象和记忆，这会让他滋长不适宜的攀比心。

第十章

学习是一场马拉松

第一节　家是学习的第一课堂

　　美国纽约州有一个酒鬼兼赌徒马克斯·朱克，在他之后七八代的子孙中有300多人成了乞丐和流浪者，7人因杀人被处死刑，63人因偷盗被判刑，因喝酒死亡或成残废者竟多达400余人！"人种论"者认为"龙生龙，凤生凤，老鼠生儿打地洞"。然而当时的教育学家作出另一种统计是：美国纽约有一个儿童救护会，它收容和照顾的孩子大多是乞丐、流浪者及贫民窟的孩子，即当时所谓的"低能儿童"。由于救护会付出酬金，把孩子送到可靠的家庭里接受良好教育，结果在50年内总计收容的2.8万儿童中，有87%成为教授、医生、技工等有用之才。最有趣的是，前面提到的马克斯·朱克一个第九代孙，也被该救护会收容，送到一个有教养的家庭寄养。截至1917年所做统计为止；他的操作和学习成绩都特别好。他已经20多岁，被舆论认为是"地方上的模范青年，前途大有希望"。人的发展成功与否不是取决于血统，而是取决于良好的家庭氛围和家庭教育。

　　在犹太人的世界里，父亲有教育儿子的责任，而母亲有教育女儿的责任。学校虽然作为教育机关，却不负有这种责任。《圣经》要求"尊敬你的父母"，反过来，父母必须能够做到让孩子们尊敬自己。教育的本质不限于知识这个层次，还有人和人的关系，个人和社会的关系，以及在这种关系上产生的敬畏和尊重的意识。这些就是犹太人对教育的认识。

犹太作家艾斯顿说：家必须是培养犹太人美德的场所。世界上没有别的宗教及民族像犹太人般如此强调父母对孩子教育的重视。每晚都给孩子讲（故事）书。犹太人父母总是为床上的孩子讲（故事）书。为躺在床上的孩子用温柔的声音悄悄地讲故事，期间孩子就会睡着。在床边讲的枕边故事对语言发展特别有帮助，每天给学话的孩子讲（故事）书，可培养语言表达能力。听着妈妈爸爸讲的故事，孩子们可养成丰富的情绪和想象力，对父母也会产生爱和信赖。

斯皮尔伯格 1946 年出生于美国俄亥俄州辛辛那提一个犹太人家庭。母亲是餐厅老板和钢琴师，父亲则是电气工程师。其中父亲对斯皮尔伯格的影响可谓最深，无论是他拍电影以及后面对题材以及电影技术的热爱，源头似乎都是从他父亲那里开始的。

斯皮尔伯格的父亲当时已经在从事和电脑有关的工作，对一切科技类产品都比较感兴趣。斯皮尔伯格 12 岁开始和小朋友们一起拍摄冒险题材短片，当时用的超 8 摄像机就是父亲给他的。斯皮尔伯格用着这台超 8，拍出了诸如不少冒险题材的短片。他对当时那段时光的回忆，应该能从他担任制片人的电影《超级 8》中看出来。有趣的是当时斯皮尔伯格拍完每部短片，都会开始在家里放映，而且已经有收费的理念，每个进来看电影的人收费 25 美分，同时他的妹妹还会在家里给观众卖爆米花。从小这么有经济头脑，这也难怪他后来成为坐拥 30 亿美元身家的超级导演。

斯皮尔伯格小时候拍的冒险电影，就有很多科幻题材的，他说也是受父亲影响，因为父亲很爱看科幻小说，也给他讲过不少科幻故事。斯皮尔伯格 16 岁时导演了长达 140 分钟的科幻电影《火光》，到他真正当导演后，《火花》就成为《第三类接触》的蓝本。与当时流行的外星人入侵地球的故事不同，《第三类接触》中的外星人大费周章来抓走不少地球人，但最后的目的居然是出于好奇，而且还很友善地和地球人一起跳舞，充满童趣。斯皮尔伯格说，他小时候一直认为外星人就生活在身边，而且他不认为外星人对人类有恶意，他们来到地球更可能是出于"想做善意的交流以及对地球充满好奇心"，他一直想着能和外星人做好朋友，所以他电影中的外星人大多是外形很萌行为可爱的儿童之友（虽然后来在《世界大战》中也终于把外星人塑造成残暴分子）。①

家庭是孩子人生的第一课堂。同时家庭教育是一种有别于学校教育和社会教育的一种特殊教育形式。因此，要想取得家庭教育的成功，家长必须要建立良好的家庭氛围。

犹太人的具有象征意义的"舔蜂蜜"和"床头书"的方法给了我们启发。家庭文化知识氛围的营造有三个必备的条件：一是家长的榜样作用。家长对孩子的教育影响。是通过带头读书学习来完成的。我们常见有些家长整天上网、看电视，自己不看书不读报，却要求孩子好好看书学习，这怎么能培养爱书、爱学习的孩子呢？二是浓厚的读书氛围。电视节目中涉及的知识多，但不完整、不系统；网络中的信息多，但鱼龙混杂；而读书是一项重要且有意义的学习活动。要营造浓厚的读书氛围，首先必须做一定的读书投资，包括购买书架、书桌，买书订报等。再就是要求家长与孩子一起读书看报。共读优秀的书报，一起思考问题。三是合理的时间安排。在休闲时间里，亲子一起读书，一起欣赏音乐，一起外出旅游，可不断提高家庭教育质量。

犹太教育专家发现，孩子的自我期望开始于家庭。因此如果我们真的认为学习对孩子非常重要，我们就必须通过父母的言语表现出来，重复地向孩子宣扬智慧会带来成功，长此以往，孩子也会这样认为。

---

① 不想和动物交谈的外星人不是好孩子. 腾讯电影，23期

第二节　兴趣是最好的老师

伟大的科学家爱因斯坦说过："兴趣是最好的老师。"这就是说一个人一旦对某事物有了浓厚的兴趣，就会主动去求知、去探索、去实践，并在求知、探索、实践中产生愉快的情绪和体验。古人亦云："知之者不如好之者，好知者不如乐之者。"兴趣对学习有着神奇的内驱动作用，能变无效为有效，化低效为高效。

犹太人相当重视幼儿的兴趣教育，所以犹太人人口虽少，但涌现的天才却很多。由于爱因斯坦父母、斯皮尔伯格父亲很早就认识到好奇心对孩子成才的巨大作用，所以他们在孩子很小时就注意启发孩子的好奇心，从而培养了他们的天才。而毕加索的父亲则是最早发现了儿子的兴趣，据此培养孩子，孩子也就真正成了天才。

想一想，刚生下来的婴儿，对于未知世界是多么好奇，他很想知道这个世界是什么样的，他会一直接收新的信息进来。如果这时给他听一些音乐，给他看一些画，给他一些智力上的训练，他就像白纸一样，所有的色彩都会加进来。孩子的可塑性是最高的，及时加以训练，才可以培养出优秀的人才，等到10岁、20岁再培养，可能会太迟了。

兴趣是正向的，是探索知识的动力，点燃智慧的火花。有了学习兴趣，就能产生积极的学习情趣，学生的学习才会主动、积极、热烈。反之，若没有兴趣，学习将成为沉重的负担。那么，怎样培养孩子的兴趣呢？

1. 精心呵护孩子的好奇心

好奇心是孩子学习兴趣的源泉。那么，父母该如何呵护孩子的好奇心呢？当孩子带着问题去问父母的时候，父母不应该简单地将结论告诉孩子。告诉孩子问题的答案，远不如让孩子自己思考"为什么"来得重要。当孩子问"黄色和蓝色颜料混合后会变成什么颜色"，你不要简单地告知"会变成绿色"，你可以说："是啊，那究竟会变成什么颜色呢？"以此来引导孩子去试验、去思考，让孩子自己去得出结论。同时你还可以通过一些开放式的问题，激发孩子对事物的好奇心与探索的欲望。

2. 带孩子到大自然、社会中去，开阔眼界，提高学习兴趣

家长可以经常有意识地引导孩子到大自然中观察日月星辰、山川河流。比如，春天可带孩子去观察小树以及其他植物的生长情况；夏天带孩子去游泳、爬山；秋天带他们去观察树叶的变化；冬天又可引导他们去观察人们衣着的变化，看雪花纷飞的景象。孩子通过参加各种活动，可以开阔眼界，丰富感性认识，提高学习兴趣。

家长最好还能指导他们参加一些实践，让孩子自己收集各种种子，搞发芽的试验，栽种盆花，也可饲养些小动物。随着孩子年龄的增长，可以启发他们把看到的、听到的画出来，鼓励他们阅读有关图书，学会提出问题，学会到书中找答案。这样，孩子的兴趣广泛，知识面扩大了，学习能力也在不知不觉中得到提高。[1]

3. 经常与孩子交流思想感情，尊重其兴趣、爱好

孩子对于"万花筒"式的大千世界，是以自己美妙、奇异的幻想去感受

---

[1] 如何培养孩子的学习兴趣. 日本新华侨报网, 2011. 5

的，与它们同欢共乐，并由此对世上万物产生浓厚的兴趣。有一位男孩特别喜欢橡皮泥，他的房间里、桌子上、床头堆满了各式各样用橡皮泥捏的小动物。妈妈嫌他把屋子弄脏、弄乱了，于是在帮他收拾屋子时，把橡皮泥玩具全部扔了，结果使小男孩大哭一场，几顿饭都没吃。这说明做父母的不能仅凭自己的爱好，按照自己的主观意愿，对孩子横加干涉，而应该尊重孩子的意愿，经常抽时间陪他们一起游戏、活动，与他们交流感情，走进孩子们的游戏王国。

2001 年 5 月，美国内华达州的麦迪逊中学在入学考试时出了这么一个题目：比尔·盖茨的办公桌有 5 只带锁的抽屉，分别贴着财富、兴趣、幸福、荣誉、成功 5 个标签，盖茨总是只带一把钥匙，而把其他的 4 把锁在抽屉里，请问盖茨带的是哪一把钥匙？其他的 4 把锁在哪一只或哪几只抽屉里？

一位刚移民美国的中国学生，恰巧赶上这场考试，看到这个题后，一下慌了手脚，因为他不知道它到底是一道语文题还是一道数学题。考试结束后，他去问他的担保人——该校的一名理事。理事告诉他，那是一道智能测试题，内容不在书本上，也没有标准答案，每个人都可根据自己的理解自由地回答，但是老师有权根据他的观点给一个分数。

中国学生在这道 9 分的题上得了 5 分。老师认为，他没答一个字，至少说明他是诚实的，凭这一点应该给一半以上的分数。让他不能理解的是，他的同桌回答了这个题目，却仅得了 1 分。同桌的答案是，盖茨带的是财富抽屉上的钥匙，其他的钥匙都锁在这只抽屉里。

后来，他的这位美国同桌写信去向比尔·盖茨请教答案。比尔·盖茨在回信中写了这么一句话：在你最感兴趣的事物上，隐藏着你人生的秘密。

父母与孩子说话时蹲下身子，会让孩子获得被关注、被尊重的感觉，有利于沟通理解。在事关孩子的学习、成长上，我们何妨放下居高临下的姿态，蹲下来看看孩子的兴趣和想法，正视他们的长处与不足？我国西晋左思有这样的故事：左熹一心要让儿子左思成为书法家，请来名师主教，左思却毫无兴趣，死写滥画不成气候。左熹转而让儿子学弹琴，左思缺少必要的领悟能力，学了许久也弹不出像样的曲子。父亲这才发现，儿子内向多思，偏爱文学，便让他改学诗赋。结果左思如鱼得水，小荷露角，最后成为文学名家。

第三节　怀疑是学习的钥匙

马克思的女儿一天问她父亲："你的座右铭是什么？"马克思回答说："怀疑一切。"这句话道出了科学的真谛，道出了思维的本质，更道出了人类进步的普遍规律。

怀疑是科学进步的第一步，正是因为伽利略的怀疑精神，才有了举世闻名的斜塔自由落体实验。在伽利略之前，古希腊的亚里士多德认为，物体下落的速度是不一样的。天文学家卡尔萨根曾经说过："每个人在年幼时都是科学家，因为每个孩子都和科学家一样，对自然界的奇观满怀好奇和敬畏。"

蜜蜂发音靠的是翅膀振动——这个被列入我国小学教材的生物学"常识"，被一位名叫聂利的 12 岁小学生用实验推翻。聂利为此撰写的论文《蜜蜂并不是靠翅膀振动发声》荣获全国青少年科技创新大赛银奖和高士其科普专项奖。

这一科学发现出自一名年仅 12 岁的小学生，确实难能可贵！无数生物学家没有发现的自然奥秘，小小的聂利发现了。成年人没有怀疑过的来自书本的"定论"，聂利把它推翻了。虽然这并非重大科学发现，但对中国的教育来说却意义重大。

聂利的发现过程并不复杂：她先是偶然发现翅膀不振动（或被剪下双翅）

的蜜蜂仍然嗡嗡叫个不停，然后用放大镜观察了一个多月，终于找到了蜜蜂的发声器官。如同许多重大科学发现一样，发现过程本身也许并不曲折，关键在于发现者是否勇于向"定论"提出质疑，向科学权威提出挑战。

英国著名物理学家瑞利小的时候很爱琢磨。一天家里来了客人，母亲端茶出来的时候，由于碟子很光滑，所以茶杯在上面滑动了一下，结果茶泼出来一点在碟子上，但这时茶杯却不再滑动了。这本来是一件很平常的小事，但却引起了瑞利的思考：为什么开始时茶杯很容易滑动，当母亲洒了点热茶在碟子上后，却纹丝不动了呢？瑞利想：这太有趣了，我一定要弄清楚这到底是为什么。

经过反复的试验和分析，他得出这样的结论：茶杯和碟子表面总有一些油腻，使它们之间的摩擦力减少，所以容易滑动，等洒上热茶之后，油腻就被溶解，摩擦加大，所以不容易滑动了。接着，他又开始研究油在固体物摩擦中的作用，提出了润滑油能够减少摩擦力的理论。后来，润滑油被广泛应用于汽车制造等各个行业，瑞利也因此得了诺贝尔奖。

实际上每个孩子天生就是一个发问家。对儿童而言，整个世界就是由一个个问号构成的，所以他的问题很多，为人父母者要做的就是启发孩子敢于怀疑，敢于发问。

犹太人中流传着一句话是说："不做背着很多书本的驴子"。他们认为，一般的学习只是一种模仿，而没有任何的创新，学习应该以思考为基础。思考是由怀疑和答案所组成的。学习便是经常怀疑，随时发问。怀疑是智慧的大门，知道得越多，就会怀疑得越多，而问题也就随之增加，所以发问使人进步。

《犹太法典》中有一句话："好的问题常会引出好的答案。"可见，好的问题和好的答案同样重要。问题提得出人意料，通常答案也是深刻的。思考就是由怀疑和答案共同组成的，没有好奇心的人，不会发生怀疑。所以有智慧的人其实就是知道如何怀疑和发问的人。

怀疑是一个新发现的开始，处在教育黄金期的孩子，心理上的发育还没有达到成熟的状态，但是他们在对外界进行怀疑和求证的过程中，将会获得宝贵的经验，哪怕是定论、权威，在孩子的眼中也是可以提出质疑的。这个过程，其实也是孩子进行求知和探索的过程，孩子将会在这个过程中一步步向真理逼近。孩子表现出自己的怀疑精神之后，家长一定要善加引导，让它们保留下来成为一种习惯。

此外，还要注意引导孩子突破思维的常规定式，培养求异的思维能力。当孩子对某一事物表示怀疑的时候，要引导他们从不同的角度多加思考，从而培养出孩子学习上怀疑的精神。

第四节 学习永远不会太迟

犹太人鄙视不愿学习的人，他们认为只要想学、愿学，什么时候开始都不算晚。

拉比阿基瓦是一个贫苦的牧羊人，直到 40 岁才开始学习，后来却成为了最伟大的犹太学者之一。

传说拉比阿基瓦在 40 岁之前什么都没有学过。在他与富有的卡尔巴·撒弗阿的女儿结婚之后，新婚妻子催他到耶路撒冷学习《律法书》。

"我都 40 岁了，"他对妻子说，"我还能有什么成就？他们都会嘲笑我的，因为我一无所知。"

"我来让你看点东西。"妻子说，"给我牵来一头背部受伤的驴子。"

阿基瓦把驴子牵来后，妻子用灰土和草药敷在驴子的伤背上，于是，驴子看起来非常滑稽。

他们把驴子牵到市场上的第一天，人们都指着驴子大笑。第二天又是如此。但到了第三天就没有人再指着驴子笑了。

"去学习《律法书》吧。"阿基瓦的妻子说，"今天人们会笑话你，明天他们就不会再笑话你了，而后天他们就会说：'他就是那样。'"

故事中，阿基瓦妻子的意思就是他 40 岁去学习，即使开始时别人会嘲笑他，但是第三天就不会有人再嘲笑他了，因为什么时候学习都不迟。

因此，犹太人常把西勒尔说过的一句名言挂在嘴边："此时不学，更待何时？"以此激励自己或鼓励别人去学习知识。

教育在犹太文明中具有一种超然的地位。古老的拉比格言说"拥有知识，就拥有一切"，说"学习、学习、再学习，是犹太人存活的秘诀"，视研习为犹太人生命的根和源泉。

犹太人孩子的教育是从 3 岁开始的。父母们可以为孩子选择交费的私塾，也可以选择免费的公立学校。刚入学的时候，孩子们就会受到高年级学生所创造的学习氛围的感染，接着一点点地学习由希伯来文写成的简单的知识板块。在学校里，他们从记忆简单的文字开始，一直到可以诵读祈祷文。犹太人认为，如果不能培养出一个好的记忆力，今后就没有办法学习其他事物。

孩子到了 5 岁，就要开始接受正式的教育。学习《摩西五经》和祈祷书以及它们的注解。到了 7 岁，就要学习《圣经·旧约》的其他部分，即先知书和圣著，而且还要接触《塔木德》的基础知识。到 13 岁的成人仪式以前，孩子们要学完所有的犹太教法的基础知识。读者们一定会认为他们的教科书内容非常难理解吧？其实，对没有接触过的人来说当然难以了解，但对于犹太人，无论是哪一段，他们都能说出有关的民族历史和传说。老师们会把这些知识分解开来，深入浅出地教给学生们。学生们回到家，会得意地向父母报告一天所学。比如说："今天我们学习了诺亚方舟的故事。"而父母们则会说："你学得真不错啊。"以此来鼓励自己的孩子。犹太人经常在学校和家庭紧密协作，一起来培养孩子的求知欲。

在我国，关于学习的故事也是非常之多的。这里仅举一个例子。晋平公是春秋末期晋国的君主。他晚年的时候想学一些知识，可是总觉得自己已经老了。有一天，他向乐师师旷求教说："我现在已经 70 多岁了，很想学些知识，恐怕太晚了吧？"师旷回答："晚了，为什么不点蜡烛呢？"晋平公没有听懂他的话，生气地说："哪有为臣的这样戏弄君王的！"师旷解释："我怎么敢跟您开玩笑！我曾听人说过：少年时爱好学习，就像日出的光芒；壮年时爱好学习，就像太阳升到天空时那样明亮；到老年时还能爱好学习，就像点燃蜡烛发出的光亮。蜡烛的亮光虽然微弱，但同没有烛光在昏暗中愚昧地行动相比较，哪一个更好一些呢？"晋平公听了，恍然大悟地说："你说得真好！我明白了。"学习是一生的事情，不论是少年、青年、中年或者老年。学习在什么时间开始都不晚，而一旦停止了学习，就意味着随时有被别人超越的危险，成为落伍者。

第五节 学习是一场马拉松

对犹太人来说，教育就是生活本身。学习不仅仅是在学校上课，更是持续一生的马拉松比赛。所以，如果从一开始就跑得太快的话，在中途就会累倒。"没有空书包"的犹太文化就深深地印证了这一点。犹太人觉得书籍是人类一生的挚友，能惠及今生，贻福子孙。而且，犹太人从小就养成了自学的习惯。

犹太父母并不过于看重孩子的成绩。犹太民族很尊重人的个性，他们不会因为短期的学习成绩而强迫孩子努力。他们认为，比起成绩，学习的过程更值得珍惜。他们会积极引导孩子，激发他们对学习的兴趣和自信。中国父母老是害怕孩子在一次考试中落到后面，就一辈子都追不上。与其老是为此担惊受怕，倒不如多开发一下孩子的潜力。让孩子充分发挥他们的个性，按照他们的步伐一步步坚持不懈地前进，这才是成绩之道。

每个人的人生都是一场马拉松赛，有人在极度疲惫的时候停了下来，轻易地就放弃了努力。他们不能超越自己，故步自封，同时也会被很多人远远地超越了。人生和跑步一样有很多艰难时刻，在每一次困难来临时，我们都要坚持，不要轻易放弃努力。而这种坚持不放弃的精神就是马拉松赛的追求，是马拉松赛的精神实质。每一个参加过马拉松赛的人都能够把不怕累、不怕苦的精神融入血液中，能够用马拉松带给我们的人生哲理来指导学习、生活和工作。

今天的年轻人最大的问题就是缺乏理想，一心想考名牌大学、找份好工作。学习成才是一个漫长的过程，一定要有长期努力的思想准备，要有吃苦耐劳的精神。不能只奋斗一段时期，而要像跑马拉松一样，坚持不懈，不断进步，提高自己的水平。

犹太人在教育方面最大的特点应该是贯彻完全的幼儿教育和一生学习的生涯教育。对于犹太人来说，学习是一生的课程。

70多年前，有一个基督教徒想在街上雇一辆马车。他环顾了一下四周，发现不远处有一排犹太人的马车。走近一看，马正在吃草，却找不到车夫。他就问在路上玩耍的小孩："车夫哪去了？"小孩回答说："在车夫俱乐部吧。"于是，这个基督教徒就来到街道深处的车夫俱乐部，看到在狭窄的屋子里面，车夫们都在学习《塔木德》。虽然是车夫，但他们一有时间就学习圣书。这就是传统犹太人的写照。

第六节　学习是一种信仰

学习是一种信仰，人类的全部尊严在于智慧，认识上帝是智慧的开端，问号代表一切。这是犹太人的传统。在犹太人的传统里，将来每一个人如果走向天堂，天使会站在天堂的门口问你，今天你努力学习了吗？你认真地思考了吗？你勤奋地工作了吗？你参与教育后代的活动了吗？你诚实做生意了吗？只有回答了这几个问题的人，才可以拿到天堂的钥匙。

爱学习的国家进步快，爱学习的民族进步快，这不仅是犹太人在历尽几千年磨难之后刻骨铭心的体悟，同时也是世界其他优秀民族的共识，无论是德意志民族还是日本民族，都是通过学习跻身发达国家的。

《忍冻学习的西勒尔》是一个为犹太人熟悉的故事。

名垂千古的西勒尔年轻的时候，抱着一个很大的希望，那就是专心致志研究《犹太教则》。可是，他没有足够的时间，也没有充裕的金钱，他的愿望显得有些遥不可及，因为他实在太穷了。

在左思右想之后，他终于发现了一个可以完成心愿的办法：拼命地工作，靠工钱的一半过活，把剩下的钱送给学校的看门人。

"这些钱给你，"西勒尔对看门人说，"不过，请你让我进学校去听课，我很想听听贤人们在说什么。"

在几天之内，西勒尔就靠着这种办法听了不少课，可是他的钱实在太少了，到最后他连一片面包也买不起。这时候，让他感到难受的并不是饥饿，而是看门人坚决地拦住了他，不再让他走进学校一步。

怎么办呢？他终于找到了一个好办法。他沿着学校的墙壁慢慢爬上去，然后躺在天窗边。这时候，他就可以清楚地看见教室里面上课的情形，也可以听到教师讲课的声音。

安息日前夕，天寒地冻，冷风刺骨。在第二天，学生们照常到学校去上课，屋外阳光灿烂，可是屋里却漆黑一片。学生们很纳闷，为什么那么暗。

原来，西勒尔躺在天窗上，身上积了一层白雪，已经被冻得半死。他在天窗上已经躺了整整一夜了。

从此以后，凡是有犹太人以贫穷或者没有时间为借口不去求学，人们就会这样问："你比西勒尔还穷吗？你比他还没有时间吗？"①

犹太人把学习称作"重复"。从字面上看，它的意思是亲自读、说、听，多遍地练习，最终将文章全部内容记住。这种韧性在犹太人当中是普遍存在的。这种韧性可不是先天就具有的品质，而是在犹太人的生活方式中养成的。年复一年，犹太人在自己的节日到来之际，整整一周时间都会吃一种无味的面包，体味辛劳的感觉。饭后，他们还要诵读经文，感谢上帝的恩赐。这种传统在犹太人漫长的历史中一直被遵守着。

在这种环境中培养出的犹太子女，即使不聪明，也会不断地通过练习和复习来达到对某事物的理解。正是这种努力进取的热情使犹太人比别的民族明显高出一筹。大多数的犹太学生的成绩比一般人高，很重要的一点就是在于他们在中途遇到挫折也不言败的精神。

犹太人对教育的热情早就是人所共知了。在希伯来语中，教育是"hinukh"，有服务、奉献之意。就是说，教育不是知识的传授，而是培养能为上帝和社会做贡献的人才。

学习是一种信仰，是支撑着人们活得更高、更好、更充实，也更坦荡的信

① 陈冠任. 犹太人的智慧. 内蒙古人民出版社，2002. 5

仰。最刚烈地恪守这一信仰的当数俄国百科全书式的科学家罗蒙诺索夫了。他说："现在，我怕的并不是那艰苦严峻的生活，而是不能再学习和认识我迫切想了解的世界。对我来说，不学习，毋宁死。"

第七节　"投入学习法"

贝索是爱因斯坦最好的朋友，被爱因斯坦称为"在全欧洲都找不到第二个的知音"。他在相对论的创立过程中曾经给予爱因斯坦很多启示，被誉为"相对论的助产士"。他鉴别能力强、思维敏捷、知识渊博，但是他一辈子也没有自己的建树。对此，爱因斯坦曾对他直言相劝："我坚信，如果你具有专注的热情，你一定能够在科学领域中孕育出一些有价值的东西。"

生活中有太多的像贝索一样智商很高的人，但是却未能有多大的成就，原因是没有将精力聚焦在问题上，结果导致能量无端耗散。犹太人做任何事情都很认真，他们非常专注于手中的工作。

注意力是智力结构中的一个重要组成部分，即此人专心于某事物的能力。凡是做事专心的人，往往成绩卓著；而时时分心的人，终究得不到满意的结果。居里夫人在科学上取得那么大的成就，就因为她是一个终身做事专心致志的人。爱因斯坦看书入了迷，把一张价值一千五百美元的支票当书签丢掉了；大科学家牛顿把怀表当鸡蛋煮做午饭；黑格尔一次思考问题，在同一地方站了一天一夜等轶事，都是这些伟大人物做事时注意力高度集中，事业上成功的奇闻趣事。

心理学家一致认为，注意力的不稳定是三四岁儿童的特征，他们会被自己所看到的每样东西所吸引，其注意力将不断地从一个物品转移到另一个物品。

也就是说，他难以将注意力固定在某一个物品上。看来，想集中儿童的注意力很难，这正是儿童教育所面临的阻碍。心理学家威廉·詹姆士曾经指出："我们都知道儿童的注意力具有极端的易变性，这种易变性可以从他们上的第一堂课上反映出来。这种特性加上孩子注意力的被动性特点，使儿童更多地表现为只是偶然注意所看到的东西，这是我们必须克服的第一个困难。儿童从这种多变的注意力状态中自动恢复的能力是他们形成判断力、性格和意志的基础，促使他们对这种能力加以改进的教育才是最好的教育。"

注意力其实是一种可以训练、学习和培养的行为习惯，我们可以在家里和孩子做一些专门的注意训练活动来促进注意品质的改善。以下几种家长可以参考选用：

1. 听觉注意训练

（1）听数报数法：让孩子听一组数字，如375985，然后立即报出来。每天训练的数组可逐渐加长。

（2）听数倒背：读给孩子一组数字，让孩子倒背出来，如"426"，孩子背出"624"。数组随训练的进程逐渐加长。

（3）复述词语：家长从书中随意读出5个词，要求孩子复述；家长从书中读出6个词，要求孩子复述。

2. 数数法

从3开始，隔3就数，如3、6、9、12、15……数到300；从300开始，隔3就数，数到3。也可选择从其他数字开始。不管怎样数，先记下时间，看多长时间数完。然后看后一次数是否能快于前一次……

3. 读书训练

家长和孩子各拿一本相同的书，选一篇文章让孩子大声朗读，家长记下孩子读错的地方。再让孩子从头读起，看读书的时间能否加快，错误能否减少。

4. 智力游戏训练

买一些智力训练的书，找那些锻炼观察力、注意力、记忆力的图文，如走迷宫，在一大堆图中找某样东西，找异同（同中找异，异中找同），比大小、长短，在规定的时间内把一页图中的物品记住，然后合上书让孩子报出来。

需要注意的是，为了让孩子在接受这些训练时不感到枯燥，可以有一定的奖惩措施，也可和家长以比赛的方式来进行，这样可以增加训练活动的乐趣。家长应该以身作则，表现出专心、坚持和耐心的榜样。一旦发现孩子有专心的表现，更应加以鼓励和称赞。[①]

对于一些特定的物品、事件或者人类个体，并不需要全神贯注地观察，大脑中也有记忆形成。一般而言，当人类倾向于对某事物更加专注、更持久地注意，记忆就会产生。同样，也可通过对记忆力的训练来达到注意力的专注。

孩子的注意力不集中，与孩子的年龄也有关系。注意力持续时间的长短，与年龄的大小成正比。两岁的孩子一般可以持续 3～5 分钟，5～6 岁的孩子则可以毫不费力地持续 15～25 分钟。如果孩子到了五六岁还不能集中注意力做一件事情，还不能坚持 15 分钟以上，父母就应该注意了，应认真地找一找原因。

研究发现，孩子注意力不集中的原因有以下两条：

1. 孩子受到的刺激太多

外界的新奇事物总能引起孩子的反应。刚刚生下来的孩子就已经具备了这种能力。发现一件新奇事物时，常常会引起孩子的注意，有时还会手舞足蹈。可是如果这样的刺激太多，就会让孩子焦躁不安。例如，如果孩子对什么玩具都很感兴趣，一件玩具刚刚玩了几分钟，就把这件玩具扔开，又去玩别的玩具。这是因为玩具太多了，所以父母不能同时给孩子买很多的玩具。

玩具虽然对孩子的发展很重要，但是，玩具多了，反而会严重影响孩子智力甚至心理的正常发展，实在是得不偿失。

---

① 怎样训练低年级小学生的注意力. 凤凰亲子论坛，2010. 11

2. 家庭环境不安宁

有的孩子家里很不安宁，无论做什么事情都会被人打断。爷爷、奶奶、姑姑、阿姨、舅舅、叔叔，这个抱过去那个抱过来，根本不给孩子留下一点儿属于自己的时间。殊不知，孩子的注意力不能集中，原因在这些人的身上。孩子本来就不容易集中精力做一件事情，而现在却有这么多的人干扰，这怎么行呢？因此，要尽量让孩子专心致志地做一件事，不要轻易打断，保持孩子注意力的持续性。[①]

苏联著名教育实践家和教育理论家苏霍姆林斯基对于控制注意力的问题给出了如下建议：

要能控制注意力，就必须懂得儿童的心理，了解他的年龄特点。多年的学校工作经验告诉我，要能把握住儿童的注意力，只有一条途径，这就是要形成、确立并且保持儿童的这样一种内心状态，即情绪高涨、智力振奋的状态，使儿童体验到自己在追求真理，进行脑力活动的自豪感。

要创造前面所说的情绪高涨的状态，单单依靠在上课时采取某些特殊的方式，譬如说选用恰当的直观手段，那是不能达到目的的。这种状态的形成取决于许多因素，取决于思维的素养和情感，取决于学生的见闻的广度等。不随意注意应当与随意注意相结合。当学生一边听讲一边思考的时候，才能出现这种结合。而要做到这一点，则必须使学生意识里有一点"思维的引火线"，也就是说，在所讲的学科中，应当使学生有某些已知的东西，在感知教材过程中，学生的思考越积极，他学起来就越轻松。通过阅读而做好准备的注意力，是减轻学生脑力劳动的最主要的条件之一。只要在课堂上能把学生的不随意注意与随意注意结合起来，他们就不会感到疲惫不堪。

如果不设法在学生身上形成这种情绪高涨、智力振奋的内部状态，那么知识只能引起一种冷漠的态度，而不动感情的脑力劳动只会带来疲劳。甚至最勤奋的学生，尽管他有意识地集中自己的努力去理解和识记教材，他也会很快地

---

① 尽量让孩子专心致志地做一件事. 中国育婴网，2012. 10

"越出轨道"，丧失理解因果联系的能力。而且他越是努力，反而越难控制自己的思想。凡是那些除了教科书以外什么也不阅读的学生，他们在课堂上掌握的知识就非常肤浅，并且把全部负担都转移到家庭作业上去。由于家庭作业负担过重，他们就没有时间阅读科学书刊，这样就形成一种"恶性循环"。①

一个人如果听任自己的天性行事，就永远不可能集中注意力，他只能任凭自己的好奇心使注意力从一个物体转身另一个物体。

犹太人的学习方法可以称作"投入学习法"。他们在学习的时候，会动用全身的器官进行辅助。按照我们的做法，学习就是默读课文，重要的地方用红线和蓝线标出来或将其抄到笔记本上进行整理。虽然这样可以为了应付考试而有效地背诵，但考试结束后，记忆的东西大半都忘掉了。

像前面所述，犹太人学习是将眼睛看、口读、耳朵听等各种方式综合起来，而不是单纯地阅读。课文虽然单调，但他们可以用一种旋律来吟读。这种旋律和他们以圣歌为原形改造的歌曲（做礼拜时吟唱）的风格一样。无论是《圣经》还是《塔木德》，他们都用这种旋律来吟读。

犹太人读书的时候，除了抑扬顿挫地朗读，还要按一定的节律左右摇摆。他们一边用右手按着课本，一边动用所有能想到的身体器官，按照文章的意思，将自己完全投入进去。同时使用看、读和听，比单纯默读的学习效果好多了。

犹太人早礼拜的祈祷文有 150 页左右，如果每天早晨都反复朗读，谁都可以记住。一旦你的记忆容量变大了，你的大脑就有能力不断地储存新的信息。

《塔木德》的研究者中有人能记住经文的全部内容，他们就是用带有节律的吟读的方式将《塔木德》"印"到大脑里面去的。他们在记忆文章的线索的时候，经常先背诵某一提示性的句子，然后再反复诵读《圣经》和《塔木德》，直到眼前能出现所背文句的出处。如果做到这样了，即使手中没有书，他们也可以被当作正确的《圣经》或是《塔木德》来请教。②

---

① В. А. 苏霍姆林斯基（著）杜殿坤（译）. 20世纪苏联教育经典译丛：给教师的建议（修订版）. 教育科学出版社，1984. 6
② ［日］手岛佑郎（著），姜乃朋等（译）. 犹太人为什么优秀. 中央编译出版社，2004. 9

第十一章

习惯成就孩子的一生

第一节　让孩子养成好习惯

我国著名教育家叶圣陶说："什么是教育，简单一句话，就是要养成良好的习惯。"父母的第一责任是教育孩子，而教育孩子的第一位就是培养孩子的好习惯。美国教育家赫尔认为："习惯不形成，学习等于零。"确实是事实，孩子如果有一个良好的学习习惯有利于孩子健康成长，终生受益。

1988 年 1 月 18～21 日，75 位诺贝尔奖获得者在巴黎聚会，以"21 世纪的希望和威胁"为主题，就人类面临的重大问题进行研讨。

在会议期间，有人问一位诺贝尔奖获得者："您在哪所大学、哪个实验室学到了您认为最主要的东西呢？"

这位白发苍苍的获奖者回答："是在幼儿园。"

提问者愣住了，又问："您在幼儿园学到些什么呢？"

科学家耐心地回答："把自己的东西分一半给小伙伴们；不是自己的东西不要拿；东西要放整齐；吃饭前要洗手；做错了事情要表示歉意；午饭后要休息；要仔细观察周围的大自然。从根本上说，我学到的全部东西就是这些。"

这段对话是耐人寻味的。从幼儿园学到的基础的东西，直到老年时还记忆犹新，可见留下的印象是非常深刻的。这说明从小养成的良好习惯会伴随人的一生，时时处处都在起作用。而且，良好的习惯有时还常常能助人成功。

3～12岁是人形成良好行为的关键期，12岁以后，孩子已逐渐形成许多习惯，新习惯要想扎下根来就难多了。

对孩子到底要不要管束的问题一直是教育中的头等大事。管，是必需的，孩子天性自由散漫，如果不加以限制和管教，任其发展下去可不一定都是向着好的方向。但是这种管应该是在尊重孩子的意愿、兴趣前提下，当管则管，不当管则免，而且管孩子并不等同于打骂、训斥孩子，而是循循善诱的教导。给孩子适度的自由，不对孩子过分严苛、约束，更不要阻止孩子漫无边际的想象和自主的行动，让孩子顺应天性成长。

好习惯养成之后，的确有"一劳永逸"之效。依照这个推论：多次重复的行为变成习惯，习惯决定性格，而性格最终决定人的命运。这样看来，对孩子习惯的培养就真不是一件小事了。

教育孩子，让孩子形成好习惯，重在对孩子心灵的把握，而不只是讲知识和道理。怎样触动孩子心灵，鼓励孩子上进，更是一门艺术！不允许的事一开始就不允许，那孩子就没有痛苦，要让孩子从小在严格要求中形成良好心态。

对孩子的不良习惯要有"爱你没商量"的决心，坚定对孩子的正确要求，他最终总能快乐地服从。

第二节　做作业习惯的管理

　　《哈佛家训》里有一则故事：三位无聊的年轻人，闲来无事时经常以踹小区的垃圾桶取乐，居民们不堪其扰，多次劝阻，都无济于事，别人越说他们踹得越来劲儿。后来，小区搬来一位老人，想了一个办法让他们不再踢垃圾筒。有一天当他们又踹时，老人来到他们面前说，我喜欢听垃圾筒被踢时发出的声音，如果你们天天这样干，我每天给你们一美元报酬。几个年轻人很高兴，于是他们更使劲地去踹。过了几天，老人对他们说，我最近经济比较紧张，不能给你们那么多了，只能每天给你们50美分了。三个年轻人不太满意，再踹时就不那么卖劲了。又过几天，老人又对他们说，我最近没收到养老金支票，只能每天给你们10美分了，请你们谅解。"10美分？你以为我们会为了这区区10美分浪费我们的时间？！"一个年轻人大声说，另外两人也说："太少了，我们不干了！"于是他们扬长而去，不再去踢垃圾筒。

　　这个故事里面包含的教育思想也可以运用到儿童的作业管理上。那就是需要教师和家长在调动儿童写作业热情上，适当使用逆向思维，要刺激孩子对写作业的热情，不要刺激起孩子对写作业的厌恶之情。

　　但现实中，许多教师和家长却把方法用错了。最典型且最愚蠢的做法是以"写作业"作为惩罚手段，来对付学生的某个错误。许多家长或教师的口头禅就是"你要再不听话，就罚你写作业"。

而正确的做法是什么呢？"罚不写作业"。

星云大师曾采取过这种做法，他在一则文章中有过这样的记录：

"我童年出家时，每当不会背书，或做错一点事，就会被罚跪香或拜佛，当时心想：拜佛不是很神圣的事吗？为什么会是处罚呢？以后大家不是都不爱拜佛了吗？"

"后来，我建立佛光山，创设沙弥学园，因为沙弥年纪小，顽皮捣蛋，纠察老师也一样罚他们跪香拜佛。"

"我知道以后，连说：'不可！不可！'"

"老师问：'不然，要如何处理呢？'"

"我说：'罚他们睡觉，不准拜佛，尤其不准他们参加早晚课诵。'"

"'那不是正中了他们的心意吗？如果这样做，他们岂不是变得越来越没有道气了吗？'"

"我说：'不会的，因为孩子们虽然睡在床上，但钟鼓梵呗声却历历入耳，哪里会睡得着？何况当他们看到同学们都可以上殿，而自己却不能参加，他们心里会了解，睡觉是被处罚的，拜佛是光荣无比的。他们自然就会升起惭愧心，改过迁善。教人，先要从人情上着手，才能再进一步谈到法情；先要去尊重他们，才能培养他们的荣誉感。'"

"这个方法实行了半年以后，沙弥们果真变得自动自发。"

第三节　摒弃爱慕虚荣的习惯

　　大卫·李嘉图是一位著名的经济学家。在他 9 岁那年，有一次，父母去商店买东西，顺便带上他。在一家商场的陈列柜前，大卫看到一双漂亮的"皮鞋"，那精美的外观让他心动，他想如果自己穿上这样一双"皮鞋"去跟小伙伴们玩，一定会让他们羡慕不已，于是他缠着父母，非要他们买下。母亲答应了，但父亲却摇了摇头，他认为那双鞋不适合孩子穿。

　　大卫听后非常生气，他坐在地下不停地哭闹。最后父亲被逼无奈，只得同意儿子的要求，但要他保证，买了就一定要穿。

　　大卫终于拥有了这双鞋，然而等他穿上之后才发现这是双木鞋，很笨重，走起路来会发出很大的响声，让人很不舒服。可是他答应了父亲一定要穿，所以，在以后的日子里，这双鞋让他受了很多罪。

　　他时常在没人的地方念叨："这双鞋的确不适合我。我为了满足自己的虚荣心，竟让父亲买了一件并不实用的东西。"

　　后来，为了摆脱这双鞋子，大卫想尽了一切办法。

　　善良的父亲再也没有逼大卫穿这双鞋，但大卫却不肯原谅自己。他把那双鞋挂在自己房间最显眼的地方。只要看到它，就会想起自己犯的错，让它时时提醒自己再也不要任性，不要贪慕虚荣。

即便是成人，又有谁能毫无虚荣心呢？其实当得知孩子爱慕虚荣时，家长或许应当感到高兴。因为从某种程度上讲，虚荣心代表着儿童在成长过程中自我意识的增强，表明他们期待着展示出自己最美好的一面以赢得大家的认可、称赞。孩子的虚荣心大多出于单纯而强烈的不服输的心理。适度的虚荣心也是激发孩子见贤思齐、积极进取的内在动力。因此，我们要用宽容的心体谅、接纳孩子爱慕虚荣的心理，给孩子的虚荣心留出适当的生存空间。

虚荣心的产生与孩子满足自尊心的需要有一定的关系。每个孩子都有受尊重的需要。一般来说，尊重的需要可以通过许多正当的手段来获得满足。可是，也有一些孩子在尊重的需要得不到满足，或者尊重的需要可能受到某些挫折时，便通过不适当的手段来获得满足，这就是虚荣。因此说虚荣心是一种扭曲了的自尊心。

童年时期，孩子们正在走向成熟，他们渴望自己像个大人，但由于生理、心理等许多方面又未完全成熟，能力往往跟不上期望，认识容易出现偏颇。这个年龄阶段，好胜、好强、好出风头是共性，虚荣心容易滋生且普遍存在。因而，家长要帮助孩子克服不利于其成长的虚荣特征和行为方式。

家长应在平时多留心，仔细观察孩子的行为表现，敏锐捕捉孩子的心理动态。孩子由正常的虚荣心到过分地爱慕虚荣是一个逐渐发展的过程，其间会有很多明显的信号，例如：孩子对衣着、文具、玩具等特别挑剔，抱怨父母不能给自己提供优越的物质条件等。当我们发现孩子有这样的行为时，就需要注意了。

父母们纠正孩子的虚荣心应采取如下方法：

1. 应以身作则，不要同别人攀比，以免孩子模仿。家长应加强自身修养，言谈举止，不落俗套，给孩子树立一个好样子。虚荣心常常会带来同学之间的相互攀比。心理学认为，攀比是一种正常的心理反应，表现在个人刻意将自己在智力、能力、生活条件等方面与别人进行比较并希望超越别人。但攀比有理性与非理性之分，有适度和过分之别。对于未谙世事的孩子来讲，赤裸裸的世俗攀比行为常常令人心惊肉跳。他们在物质上盲目攀比的心理大多还是因为受到外界的诱导，尤其是来自家长的"言传身教"。我们经常可以看到，不少家长不仅在孩子的物质消费上攀比，而且在教育方面也大肆攀比：兴趣班、特长班、特色幼儿园、贵族学校……都日益成为家长们攀比的目标。

2．不管经济条件如何，家长都不能放纵孩子的消费欲，应有目的、有计划地加以引导，逐步纠正孩子追求穿戴、爱慕虚荣的坏习惯。

3．要创造机会，让孩子通过自己的劳动获得想要的东西。如果孩子的要求是合理的，那么爸爸妈妈可以为孩子创造一些机会，让孩子靠自己的劳动挣来的钱购买所需要的东西。如让孩子做一些力所能及的事，分担一些家务，然后从中取得回报。一分劳动一分收获，一滴汗水一点回报，让孩子知道仅靠不停地向爸爸妈妈张口要这要那，不仅不光彩，而且行不通。

4．要客观地评价自己的孩子。作为父母不应该过分夸大孩子的优点，也不要掩盖孩子的缺点。

5．同时也可以加大传统教育，例如，通过阅读、接触传统教育中勤俭节约思想来影响孩子的辨别能力，让孩子逐渐形成正确的价值观；家长们也可以利用孩子的攀比心理来激励孩子，但不是一味地满足孩子的要求。

第四节　让孩子养成读书的习惯

犹太人重视学问、重视智慧、重视教育，在这些文化传统的影响下，以"书的民族"著称的犹太人对读书有一种特殊的爱好。

热爱读书的同时还要讲究方法。爱因斯坦的"淘金式"读书方法的实质在于：在所阅读的书本中找出可以把自己引到本质的东西，而放弃使头脑负担过重和会使自己诱离要点的一切东西。

曾有人问爱因斯坦不锈钢的成分是什么，他建议那个人去查《冶金手册》；有人问爱因斯坦从芝加哥到纽约有多少英里，他说："实在对不起，我记不住那么多，你可以去查《铁路交通》。"爱因斯坦说："我从来不去记辞典上已有的东西。"显然，爱因斯坦有着丰富的阅读经历，但他更乐意去粗取精地把握书本的要点，对一般知识只记住其来源和出处，而把主要精力放在透彻理解重点知识上，放在记忆实质性问题上，放在独立思考和革新创造上，就好像记住了书的目录一样。爱因斯坦说他获得的知识主要是靠自己获得的，热衷于深入理解，但很少背诵。有一次，爱因斯坦读到一本装帧十分精美的几何教科书，立刻就将书中的精华部分讲了出来。有人十分钦佩他读书的本领，便向他讨教读书的秘诀，爱因斯坦说："我只是抓住了书的骨头，抛掉了书的皮毛。"

从小养成孩子爱读书的好习惯不但可以丰富孩子课外知识，一本好书还能教会孩子如何做人，培养孩子正确的德行。孩子与书并不是先天相互吸引的，开始时，必须有媒介——父母、亲戚、邻居、老师或者图书馆员，将书带到孩子的世界。那么如何培养孩子对读书的兴趣呢？首先，家长要舍得购书、藏书，构建书香家庭，培养主动读书的意识。要努力让读书成为孩子的第一需要。只要家长有意识地培养孩子的读书习惯，孩子就会热爱读书，把读书当成一种享受。

可以从以下几个方面来培养孩子的阅读热情。

1. 从小爱上书

图书特殊的质地、鲜艳的色彩、翻动时"哗啦啦"的响声与不断变化的图案；撕扯时发出的声响以及形状发生的改变……所有这些特性，都非常吸引孩子。对婴幼儿来说，书首先是个玩具。因此，当我们把一本书放到他的面前，他最可能出现的行为就是摔打、啃咬、撕扯、胡乱地翻动或者一把将它扫落在地。实际上，孩子的这些行为是他对书有兴趣的表现。这时，如果大人去阻止他，或者急切地引导他以正确的方式"阅读"，都有可能带给他压力，让他产生挫败感。这样，书这个玩具带给他的体验就有些不愉快了。慢慢的，他就会对这个玩具失去兴趣，甚至产生抵触情绪。相反，如果我们引导得当，就可以保持他对书本的好奇，让他轻轻松松爱上阅读。

2. 带孩子进书店

俗话说得好："常在河边走，哪有不湿鞋"，那么"常在书店逛，哪有不沾书香"。

3. 与孩子同读书

无论自己的工作有多忙碌，每天都应当抽出一些时间与孩子共同阅读，分享名家经典，这对家长自身来说，是一种情操的陶冶，对孩子来说，更是一种无声的教育，有利于学生在品书的过程中心灵得到滋润，得到净化，更有利于亲子双方在文化修养上的共同提升。

4. 读书给孩子听

阅读从倾听开始，孩子最初的阅读兴趣和良好的阅读习惯来源于倾听。经常给孩子读一本经典童话或寓言，让孩子从小就感受到书中的快乐和情趣。"为孩子大声地读书"是培养孩子阅读习惯的最为简易而有效的方法。这里所说的"大声"并不是发出很高分贝的声音的意思，而是指"读出声音来"让孩子能够听清楚。每当我们给孩子朗读时，就会发送一个"愉悦"的信息到孩子的脑中，甚至将之称为"广告"亦不为过。我们推销的东西叫"阅读"，而朗读故事是一种令人愉悦的推销方式。

"生活中没有书籍，就好像没有阳光；智慧里没有书籍，就好像鸟儿没有翅膀。"这是莎士比亚的一句至理名言。

5. 给孩子选择好书

"读一本好书，就是和许多高尚的人谈话。"因此，阅读的种子，应该是一本本适合孩子的图书。

卡尔·威特是 19 世纪德国著名天才。他的成长得益于他的父亲老卡尔·威特的教育方法。在老卡尔·威特所写的教育名著《卡尔·威特的教育》一书中，卡尔·威特的父亲是这样教育他的："在孩子的乐趣中，最重要的是读书。不过应特别注意书的选择，一个人喜好什么样的书，往往决定于他第一次读的是什么书，而且幼年时期读的书往往能左右这个人的一生。"

"在引导儿子读书上，我采用了一些小伎俩。孩子们最喜欢听人讲故事，特别是年龄较小的孩子。我发现讲故事的重要性，它不仅能丰富孩子的知识，而且能够成为引导孩子看更多书的桥梁。我在讲故事的时候，总是绘声绘色，运用夸张的表情、形象生动的语言，并辅之以变幻不定的手势，甚至有时候站起来模仿故事人物的身形以不断推动情节发展。儿子听得如痴如醉，常常也禁不住跟着我手舞足蹈。但我总是讲到最有趣的地方就打住，并告诉儿子这个故事在哪本书中，鼓励他在阅读中寻找乐趣。"

以色列教育立法完善细致，免费义务教育从幼儿园至高中，不分文理，此外还有各种后续培训教育，不断更新知识。高中毕业生的毕业成绩占大学入学分数的一半，入学考试占到另一半。高考每两个月一次，只考 3 小时。

　　高中毕业后学生要先服兵役，服完兵役后，年轻人往往先花三个月到半年的时间全球旅游，开阔眼界，思考人生。他们往往先打工一年挣旅费，即便是富家子弟也不愿意要家长的资助。旅游回来后，他们会再次工作筹措学费，大学学费靠贷款、助学金或打工。大学生经历过军队洗礼甚至生死考验，相比之下更为成熟、自觉。

第五节 养成以己为镜的习惯

爱因斯坦小时候是个十分贪玩的孩子，他常常和一群孩子混在一块玩。他的母亲为此忧心忡忡，但所有的告诫对小爱因斯坦来讲都如同耳边风。他常这样回答母亲："别的孩子都在玩儿，我为什么要学习？而且我不比他们差。"直到16岁那年秋天的一天上午，父亲将正要去河边钓鱼的爱因斯坦拦住，并给他讲了一个故事，正是这个故事改变了爱因斯坦的一生。故事是这样的：

"昨天，"爱因斯坦的父亲说，"我和咱们的邻居杰克大叔去清扫南边工厂的一个大烟囱。那烟囱只有踩着里边的钢筋踏梯才能上去。你杰克大叔在前面，我在后面。我们抓着扶手，一阶一阶地终于爬上去了。下来时，你杰克大叔依旧走在前面，我还是跟在他的后面。后来，钻出烟囱，我们发现了一个奇怪的事情：你杰克大叔的后背、脸上全被烟囱里的烟灰蹭黑了，而我身上竟连一点烟灰也没有。"

爱因斯坦的父亲继续微笑着说："我看见你杰克大叔的模样，心想我肯定和他一样，脸脏得像个小丑，于是我就到附近的小河里去洗了又洗。而你杰克大叔呢，他看见我钻出烟囱时干干净净的，就以为他也和我一样干净呢，于是只草草洗了洗手就大模大样上街了。结果，街上的人都笑痛了肚子，还以为你杰克大叔是个疯子呢。"

爱因斯坦听罢，忍不住和父亲一起大笑起来。父亲笑完了，郑重地对他说："其实，别人谁也不能做你的镜子，只有自己才是自己的镜子。拿别人做镜子，白痴或许也会把自己照成天才的。"

爱因斯坦听了，顿时满脸愧色。

爱因斯坦从此离开了那群顽皮的孩子。他时时用自己做镜子来审视和映照自己，终于映照出了他生命的熠熠光辉。①

要告诫孩子，以别人为镜，确实照不出自己的模样，也不能实现自己的目标。只有以自己为镜，才能正确地审视自己，真实地发现自己，从容地面对自己，尽心尽力地装扮自己的精彩。

以自己为镜，就是以自己的言语、行动为镜子，不管别人怎么评价，休提别人的议论如何，你有千变万化，自己有一定之规，由此根据自己的判断去正衣冠，知得失，制定符合自己的目标，实施自己能践诺的行动。

① 刘焕航. 爱因斯坦的镜子. 小读者，2003. 6

第十二章

中国式妈妈应该放弃的

第一节　以爱之名，牺牲孩子

要说哪个国家的家长最娇惯孩子，笔者认为，头把交椅无疑应该给中国人。中国人娇惯孩子历史久远。古人管这叫"含在嘴里怕化了，放在手里怕摔了"、"要星星不给月亮"……民间则称其为"倒行孝"，意指家长对老人都没那么珍惜，却甘愿为孩子当牛做马，对孩子好过对父母。尤其是在计划生育的政策下，独生子女更是成了家中的皇帝，说一不二，一言九鼎。我们且把这种现象称为"众星捧月"式。管教孩子最严格、绝不娇惯的应该是犹太族群了。

犹太石油大王洛克菲勒曾说："溺爱孩子的人对孩子无微不至；不经管教的马难以驾驭，未经约束的孩子十分任性；纵容孩子，他会让你震惊；和他一起玩耍，他会让你悲伤；不要和他一起玩笑，以免和他一起悲痛，最后让你把牙磨碎；不要在他年轻的时候就给他自由，或者是忽略他的错误管教你的孩子，耐心对待，他就不会做不光彩的事情让你难堪……"

从小被放任惯的孩子，容易形成娇纵、冲动、任性、目中无人的个性，不能如愿时就会退化到幼稚期，企图以哭闹、耍赖、撒谎等方法，坚持要他人妥协。年幼时家人觉得他惹人怜爱，随着岁月的流逝，家人习惯姑息孩子，以息事宁人。

但在外面的世界里，想要用退化心理防御机制（defense mechanism）就没那么容易得逞，可能被他人视为"敬鬼神而远之"的异类。这类孩子因心智幼稚，不太会花心思在提升自我的层面上，比较会沉溺在原始欲望中，比如吃、喝、玩、乐的享受，物以类聚的结果，来往的都是些损友，更强化此负面个性的倾向。

生活中未必事事顺心。自我（ego）功能是随年龄的增长、生活的历练，逐步提升的。当孩子遭遇不顺时，原始欲望（id——原我）未获满足，或无法在符合外界期许（superego——超我）的方式下满足原始欲望时，感到挫折与不安，为减轻内心的焦虑，会形成（大多在潜意识中进行的反应）防御性的想法、言行，此谓之心理防御机制。

没有任何一个孩子天生就任性，在很多时候，孩子的任性缘于大人对某些问题的不当处理，也就是过多地满足孩子。孩子的任性行为在一定条件下，是父母对孩子过分宽容和娇纵的结果，常常是在父母的宽容、娇纵下慢慢形成。而爱不适度和放松教育，无节制地满足孩子吃、穿、玩方面的要求，无一定的生活常规和行为准则，则是孩子产生任性的温床。

爱孩子不是事事满足孩子，不断满足只会助长孩子的贪婪。当有一天父母认为孩子的要求离谱而不能再满足了，一向有求必应的孩子便遇到了让他们感觉突然的拒绝。孩子的认识能力是有限的，不知道自己的欲望和要求是不是合理，他们只知道，上一次你满足了我，这次为什么不行呢？

哭闹这种最原始、最本能的方式于是被充分运用。

面对孩子的任性，提醒您：

父母要让孩子明白，什么事该做，什么事不该做。不能总跟孩子说："就今天这一次啦"、"下不为例啦"。

不要迁就孩子，否则，只会助长孩子的任性毛病。还须注意的是：父母双方必须一致。

在孩子任性时，父母要善于把孩子的兴趣引开，以转移他的任性。

父母要注意教育方法，要有耐心。以漫不经心的态度对待孩子的哭闹，让他渐渐安静下来。

然而，需要注意的是，任性并不是全是因为家长娇惯的结果。

美国儿童心理学家威廉·科克的研究表明，孩子任性也是一种心理需求的表现。他指出，随着生理发育，幼儿开始逐渐接触更多的事物，但却不能像成人那样对这些事物作出正确的判断和评价。孩子只会凭着自己的情绪与兴趣来参与，尽管有些参与行为会对他们不利。家长们大多是以成人的思维考虑结果，而往往忽略了孩子的情绪和兴趣。实际上，这些兴趣与要求也正是孩子心理需求的一种表现形式。

第二节 不放手让孩子独立

犹太民族人才辈出跟他们长期被奴役、受歧视、遭迫害、被迫流亡异乡，过着寄人篱下的生活有关。从公元 280 年起，犹太人开始被送到隔离区里生活，这种做法在 14、15 世纪时遍布欧洲，身上还要佩戴一个黄色的标记以示区别，他们随时处于歧视、伤害和危险之中。这种景象在一些描写二战的影片中可以看到。

长期恶劣的生活环境使犹太人认识到一个真理，要生存只能靠自己！这便形成了犹太民族独立性强的性格特点。所以犹太人很重视孩子的独立性格。犹太人在孩子很小的时候就给孩子进行独立性格培养。经典的方法是，让五六岁的孩子从茶几上跳到父亲的怀里，然后父亲紧紧地抱住孩子，1 次、2 次……突然有一次父亲不抱孩子了，让孩子摔在地上，这时父亲对孩子说："请记住，除了你自己，不要相信任何人，不要依靠任何人，一切要靠你自己！"犹太人就是这样对孩子进行独立性格教育的。由于这种教育是由最值得信赖父亲亲自传授的，而且是用痛苦去感受的，所以独立性格的信念从小就牢记在心中。由于犹太人注重对孩子的磨炼，因此犹太人的孩子在满 18 岁后就可以独立生活了。

在犹太法典上说："5 岁的孩子是你的主人；10 岁的孩子是你的奴隶；到

了 15 岁，父子平等，就没有孩子了。"在五旬节内，年满 13 岁的人都要参加隆重的成人仪式，表示自己是真正的犹太人了，开始承担宗教义务。

犹太人比较推崇个人的独立精神，在他们看来，独立精神是一个人拥有一切优秀品质的基础。所以，在犹太人的家庭教育中，培养孩子的独立精神是重中之重。

巴拉尼年幼时患了骨结核病。由于家境不富裕，无法医治好，他的膝关节永久地僵硬了。尽管如此，巴拉尼的父母并没有对巴拉尼多一份"疼爱"。只要是巴拉尼自己能做的事情，父母亲就在一旁"袖手旁观"，只是偶尔说上一句表扬的话而已。在巴拉尼 15 岁生日那天，在吃生日蛋糕之前，父亲对巴拉尼说了这样一番话："孩子，我们从不把你当成一个残疾的孩子看待，我们不会给你特殊的呵护，因为我们知道没有人能呵护你一辈子，除了你自己。只有当你养成自理的习惯，你才有自立的能力，才能在未来掌握自己的命运。孩子，我们希望你能明白，我们也是爱你的。"巴拉尼将父亲的这一番话永远记在了心里，虽然他只有 15 岁，但对于父母的良苦用心，他已经能够理解。从18 岁起，巴拉尼的父母就在经济上和巴拉尼断了联系，让巴拉尼真正独立起来，他们只是在背后默默地关注。巴拉尼后来的人生路充满了坎坷，但是，他从没有丧失对未来的信心。他立志学医，在探索的道路上遭遇无数次失败，但是，巴拉尼从没有灰心。正是这种自强不息的精神，才使巴拉尼取得了卓越的成就，于 1914 年获得了诺贝尔生理学和医学奖。[1]

意大利教育家蒙台梭利曾说过："教育首先要引导孩子走独立的道路，这是我们教育关键性的问题。"

2012 年，在清华大学的新生报到现场，学校专门在报到区外设置了一条黄色的"警戒线"，将陪同家长挡在了线外，要求和督促学生独立完成"登记入学"。清华的这一举动，一时间引来了社会各界的广泛关注和热议。每到大学新生入学之时，在各大高校的校园内都会出现家长拎着大包小包、替子女跑前跑后的场面。家长们这种过分呵护、包办型的溺爱无疑剥夺了子女成长和独立

---

[1] 沧海明月. 犹太人智慧大全集. 中国华侨出版社，2011. 1

的权利，清华大学正是由于意识到了这一点，才以这种方式给学生及其家长上了一堂很好的独立教育实践课。在这堂课上，学生迈出了大学生活独立自主的第一步，同时也让家长意识到给孩子一定的空间，其实他们会做得很好。在国际上十分流行"直升机父母"的说法，实际上是对过分关注子女的父母的最好诠释，他们就像是直升机一样，整天盘旋在孩子周围，也不管子女是否需要，他们都会想方设法地为子女提供帮助。俄罗斯文学家柯罗连科有句名言："去飞吧，去闯吧，会有一片属于自己的天空！别忘了，生活就是战斗！"作为家长，要试着学会放手，这才是对子女最大的信任，同时也是培养其独立性的好办法。

第三节　吼叫式的教育方法

　　犹太人大卫有两个天真活泼的儿子，一个 4 岁，一个 6 岁。一天，大卫正在教他 6 岁的儿子如何使用割草机割草。当教到怎样将割草机掉头时，他的妻子爱尔突然喊他，问午餐该准备些什么。当大卫转过身回答妻子的问题时，调皮的儿子却把割草机推到草坪边的花圃上，并充分利用他刚刚学到的技术，开始工作。转眼间，割草机所过之处，"花尸"遍地，原本美丽的花圃，留下了一条半米宽的空隙。面对眼前的一切，大卫怒不可遏，几乎有些失控了，因为这个花圃花费了大卫大量的时间和精力，才弄成了今天令邻居们羡慕的样子。仅两分钟的时间，却被这调皮的儿子毁成这样，实在是又心痛又生气。"哦，天哪！你在干什么？"大卫怒吼起来。就在他要继续呵斥儿子的时候，妻子快步走到丈夫的身边，用手轻轻拍着他的肩膀说："大卫，别这样，要知道，我们是在养小孩子，而不是养花。"

　　面对孩子的错误，犹太人实行的是恩威并用的教育方式，即"爱抚加惩罚"。进行惩罚，绝对禁止对孩子的身体造成伤害。犹太父母力戒惩罚或斥责孩子，也尽量避免用言辞警告他们。即使被迫惩罚孩子，犹太家长也力戒讽刺挖苦，更不会自恃"孩子是我生的、是我养的"，就随意用不留余地的语言指责孩子。当火气上来时，犹太父母采取退避或保持沉默的对策。退避，可使孩子认识到事态的严重性，避开父母与孩子间的正面冲突，还可避免因在气头上说出过头话伤害孩子。

在中国，父母们比较擅长的就是吼叫式教育。英国著名的哲学家和教育思想家约翰·洛克早在300多年前就提出：要尊重孩子，要精心爱护和培养孩子的荣誉感和自尊心，反对对孩子进行吼叫式教育。他断言："吼叫式的管教，其所养成的只会是'奴隶式'的孩子。"

父母教育"失重"、"失度"，有意或无意中采取了吼叫的教育方式，结果往往事与愿违。

吼叫式教育倒不单纯是为了显示父母的权威，很大程度上是父母受一种错误的教育观念所支配，那就是"不骂不成才"。有人在一所小学校里以"你的父母骂过你吗？"为题，请孩子们认真思考后举手表态，几乎百分之百的孩子回答是：被父母吼叫过。

当孩子不听话或者做错事的时候，父母往往会使出浑身解数来教育孩子，而在这个过程中，对孩子吼叫几乎是必不可少的手段！是孩子就会犯错，犯错时父母要给他改错的机会。每个孩子都是在不断地犯错、知错、改错中成长。面对孩子犯错，切不可大发脾气，要冷静地对待孩子的错误，与孩子沟通。引导孩子去改正错误，让孩子避免下次犯同样的错误。

要着重强调的是孩子的错误行为与规定原则之间明显的矛盾，而不是父母和孩子之间的不和睦。不要使孩子感到因为他犯了错误，父母就不爱他了。如果父母能冷静地处理孩子发生的问题，孩子即使有气也会很快平静下来，听取父母的意见。父母的态度应该像老师一样，愿意帮助孩子从错误中受到教育。

法国作家罗曼·罗兰说："人生应当做点错事。做错事，就是长见识。"一位朋友移民到了加拿大，把小孩送进幼儿园没几天，一次她去接儿子时发现，小家伙正在和另一个男孩打架，她冲上去劝阻，被老师制止了。老师说，别担心，让他们去打，先打人的会遭到反抗，被打的则会学会反抗。朋友举了好几个这样的例子，她的一句话让我感悟很深：任何尝试都有可能犯错，不允许孩子犯错，就是不允许孩子成长。

面对孩子的错误，家长要冷静。一是理解孩子当时的心理感受，接受他

（她）内心不成熟的状态，然后以这件事为契机引导孩子认识到怎样做才是正确的行为。这样的话，孩子会知道虽然自己犯了错，但还是一个好孩子，在今后的生活学习过程中，他（她）会用好孩子的标准处处要求自己，内心是肯定自己、接纳自己、相信自己的。这样，孩子的精神状态是活泼开朗、积极向上的，这不正是我们家长所期待的吗？二是善用智慧，这个智慧的基础就是对孩子的爱。爱孩子不仅仅是日常生活的管理，而是发自内心希望孩子的身心都能健康发展，这要求父母不要事事处处摆出指导者、拯救者的样子，做个学习型父母，陪伴着孩子一起成长，遇事多从孩子角度去揣摩他们的心理活动，相信孩子，鼓励孩子并用孩子能够理解接受的方式引导孩子。当您尊重并理解孩子，孩子从您这里也学会了自爱。[①]

与面对孩子不冷静的父母相反的一种情况是，现如今的很多父母力争最大限度地为孩子扫除一切障碍，孩子即使犯错闯祸，家长也极少批评数落，只说"没关系，下次注意"。这简单的一句话，是孩子在犯错闯祸后最愿意听到的，因为只要父母说了这句话，就意味着事情已经结束。对"无所谓"的孩子来说，仿佛每件事都可以"下次再来"，可人生不是演戏，没有彩排，"没关系"父母只会养出不负责任的孩子。

---

① 赵培羽. 给孩子"犯错误"的权利. 华商报，2006. 6

第四节　催促式的教育方法

　　"起床！起床！快去洗脸，快去刷牙……"前不久，一段名为《妈妈之歌》的视频在国外网站被疯狂点播。创作并演唱《妈妈之歌》的，是美国喜剧女演员安妮塔·兰弗洛。48 岁的她是 3 个孩子的母亲，一次灵光乍现，她将自己催促儿女的话写成了歌曲。整首歌只听到一位母亲急切的、不容置疑的催促声："快点啊，快点啊，不然就来不及了！"中国人听了忍俊不禁——原来普天下的妈妈都是一样的。

　　《妈妈之歌》描述了一个不可否认的现实：孩子与大人一样，每日生活在催促之中，快速、高效、忙碌、省事，成为最基本和理所当然的生活状态。曾经，父母叮嘱孩子的口头禅是"慢慢走，小心跌跤"、"慢慢吃，小心噎着"，现在孩子听到最多的是"快点吃饭"、"快点做作业"、"快点弹琴"、"快点睡觉"，甚至是"快点玩"。

　　父母为什么要不停地催促孩子呢？因为父母觉得孩子太磨蹭，打乱了自己的节奏，于是反过来打乱孩子的节奏。

　　十几年前龙应台以一位母亲的亲身经验写下《孩子，你慢慢来》，她在书中说："谁能告诉我做女性和做个人之间怎么平衡？我爱极了做母亲，只要把孩子的头放在我胸口，就能使我觉得幸福。可是我也是个需要极大的内在空间的个人……女性主义者，如果你不曾体验过生养的喜悦和痛苦，你究竟能告诉我些什么呢？"十几年过去，龙应台不仅成为华文界最有影响力的一支笔，也以她自己的智慧走出女性在个人事业和母亲角色的冲突，而《孩子，你慢慢来》也给无数读者带来感动和启迪。

龙应台《孩子，你慢慢来》中的卷首语："我在石阶上坐下来，看着这个5岁的小男孩，还在很努力地打那个蝴蝶结：绳子穿来穿去，刚好可以拉的一刻，又松了开来，于是重新再来；小小的手慎重地捏着细细的草绳。淡水的街头，阳光斜照着窄巷里这间零乱的花铺。我，坐在斜阳浅照的石阶上，愿意等上一辈子的时间，让这个孩子从从容容地把那个蝴蝶结扎好，用他5岁的手指。孩子你慢慢来，慢慢来。"

在中国，大人总是希望孩子按自己的想法、自己的节奏行事。其实，大人与孩子的生活节奏、生理节奏以及生命节奏都是大不相同的。孩子有自己的节奏，对他们而言，感觉最舒服、最顺畅、最有利的就是顺应自然的生理节奏。如果孩子的生活节奏过快，会影响身体的激素分泌，对身体和心理都会造成损害。

催促孩子，在生活中是一种正常现象，它能教育孩子，帮助孩子适应外部世界。但是，当催促过多地表现在与孩子的关系上时，通常是因为父母自身的焦虑。当父母无法克服这些焦虑，将这些焦虑转嫁给孩子时，伤害就在不知不觉中发生了。

经常被父母催促来催促去，孩子会质疑自己的生活节奏，认为是自己出了问题，要么逐渐认同父母而变成一个同样焦虑的人，要么以一种极为拖沓的方式生活，以这种被动拖沓的方式表达对父母的愤怒。

教育是一个漫长的过程，"不积跬步，无以至千里，不积小流，无以成江海"恰恰道出了十年树木、百年树人的道理。

再向外扩展一些内容，在《我从彩虹那边来》一书中也曾提到过节奏的重要性。

英国华德福幼儿老师 Margret Meyerkort 认为，如果为孩子建立有规律的外部节奏，那么一种内在节奏也会在他们体内形成。如果每天定时吃晚餐，晚餐时间临近，孩子的胃里就会自动分泌出消化液。如果每天定时睡觉，那么当你做睡前准备工作，讲故事时，睡意就会向他们袭来。

我们可以把同样的节奏带入家庭，在安排每天的活动时，指定一个合理的计划，让孩子一天既有室外玩耍的时间，也有室内玩耍的时间，既有和别人一起玩的时间，也有独自玩耍的时间，有吃饭的时间，也有休息的时间。

如果父母双方都要工作，节奏也可以成为每天生活的一部分，起床和离家前的准备工作都可以在固定的时间，按照固定的顺序进行。每天睡前可以准备好你和孩子第二天要穿的衣服，可以建立一个睡前惯例，包括彼此说说白天发生的事情，讲一个故事，读一首晚安诗。

即使在一天之内带入一些小小的节奏，也会给年幼的孩子以帮助。例如，每天让孩子在特定时间布置餐桌，摆放杯垫或放花瓶什么的，就可以改变整个晚餐的气氛。

作为家长，当务之急是尝试和孩子一起放慢节奏去生活。这样做不仅事关家庭生活品质，而且对孩子的成长至关重要。如果父母只教会孩子自主使用自己的身体和头脑，却没有让孩子学会如何产生自己的思想，去勾画并形成各种概念，岂不是一种失败？而勾画并形成各种概念的技能，孩子往往是在游戏中获得的。

放慢速度决不仅仅是为了停下来喘口气，而是为了感知和感受周围，去想象，去思考。让孩子根据自己的节奏去吃饭、穿衣，从而让他了解自己是谁，会做些什么。让他用自己喜欢的方式玩耍，以促进他把事物形象化、概念化，从而区分想象与现实，言语与行动。这一切能够使他发现自己并了解他人，最终形成对自我以及世界的认知。

也就是说，一旦掌握了正确的方向，其实并不需要繁杂的指导与指南，父母便可轻松减慢日常生活的速度。专家们强调游戏在儿童生活中的重要性。没有挑战也没有家长的帮助，孩子简单地在浴缸中玩耍，在餐桌上与食物消磨时间，在房间里和自己或小伙伴闲聊，对着天空的云朵发呆，无拘无束地抓小昆虫，看蜘蛛结网……一些在家长看来也许无趣无聊的事情，正是孩子自己的乐趣所在。

一行禅师说："从容地让自己生活得更深刻一些。"对家长来说，让禅宗哲学在忙乱的早晨给自己带来一丝恬静的气息，也是人生中不可多得的一课。

在慢下来方面，父母也要成为孩子的榜样。日本一度以其可怕的工作伦理让世界感到震惊。10年的经济停滞带来了工作的不稳定性，随之而来的是对工作和时间的新思维。越来越多的日本年轻人在逃避长时间的工作以获得更多的娱乐。"多年来，日本的家长冲着孩子喊：做事要快，工作要努力，多干点。而现在人们在说：够了，差不多了。"《慢为美》一书作者凯博·欧依瓦说道："新一代现在已经意识到，你无须工作很长的时间，也就是说，慢一点也没什么不好。"现在许多日本年轻人宁愿选择做临时工，也不愿做工薪族，成为集团车轮的轮齿。

放慢步伐没有灵丹妙药，至于什么是合适的速度也没有统一的标准。每一个人、每一种行为、每一时刻都有其合适的速度。人人均有权选择让他们感到快乐的生活节奏。正如"适当的速度"运动钢琴家乌姆·克莱梅特所言："如果我们能为不同的节奏腾出空间，这个世界就会更加多姿多彩。"

第五节　无视孩子内心的声音

　　听老人说，麦子在拔节的时候，晚上静候在田里，能听到秸秆"簌簌"的成长的声音，而白天，人们只会惊讶麦子可见的高度。而我们的孩子每天都在成长、变化。不知您可曾听到他们成长的声音，尤其是他们发自心灵的声音。

　　有这样一个故事：有一位年轻的妈妈，喜欢逛商场，但每次她领女儿逛商店，女儿总是哭着闹着不愿进。这位年轻的妈妈百思不得其解：商店里的商品五花八门、琳琅满目，让人目不暇接，小孩子为什么不爱来呢？

　　终于，有一天她发现了其中的奥秘。

　　这天，她领孩子在商店熙熙攘攘的人群中挤来挤去，女儿的鞋带开了。她蹲下身来，给孩子系鞋带。就在这一瞬间，她忽然发现，眼前是多么可怕的情景：矮小的孩子，没有柜台高，她的眼中，根本就看不到琳琅满目的商品，看到的只是大人们的一条条大腿和一双双手。那一只只来回摆动的胳膊，一个个带棱见角的背包，时不时磕碰着孩子的小脸和弱小的身体。年轻的妈妈这才明白女儿哭闹的原因。应该明白"倾听"的道理。当孩子说话时，我们是否真的听到了？我们听到的是话语本身，还是孩子内心的声音？

　　在中国，父母都可能有工作，而且还很忙碌，为了生存这是不可避免的。孩子上托儿所或是由他人看管，分开一天后孩子一定有许多的新鲜事想告诉爸爸、妈妈。父母应抽时间听听孩子一天的经历。即使孩子不主动和父母谈，父母也应该主动找孩子谈，这是培养孩子语言交往能力的好机会。

家长与孩子之间的沟通，经常因家长的表达方式而受到破坏，比如用命令的语气："你必须怎样"、"我说不可以就是不可以"、"我要求你怎样……你做不到就会……"孩子犯点错误就严厉地批评、指责、打骂，等等。虽然家长只是恐吓孩子，但孩子听多了，就会十分厌烦甚至抵触家长。孩子因此会觉得自卑，慢慢缺乏勇气与家长沟通，免得再挨打、挨骂。要与孩子良好地沟通，就要学会倾听，倾听是要让孩子觉得，现在他是最重要的。和他一起分享他的快乐，不要扫孩子的兴。孩子伤心时来找你倾诉，你要留心听，要换位思考，体会他的心情。倾听包含了对孩子的爱、尊重、接纳。

"明天出去要用，拉坏了可怎么办。"妈妈板起脸刚想教训孩子一顿。忽然想起淇淇平时一直是个乖孩子。于是，平下怒火，拉着女儿的手，像平时一样问："能不能告诉我，你拉拉链干什么？"

"妈妈，你明天要出去，我帮你把东西收拾好了，全放在包里，这样晚上你就不用再收拾了。可以早点睡。"淇淇得意地说着。

走近一看。可不，换洗的衣服，洗漱用品，还有苹果。心里顿感甜滋滋。把女儿搂在怀里，甜甜地说："有个女儿真好，都知道帮妈妈收拾行李了，真是个孝顺的好孩子。"

站在成人的角度看孩子，会觉得她们的言行幼稚可笑，有时甚至看不懂她们。只有静下心来，才能真正了解孩子行为背后想表达的意思。

我们在倾听孩子的声音之前，应该先聆听自己心中小孩的声音。聆听他在呼唤些什么？当我们在与真正的小孩互动的时候，我们心理就要想："我心中的孩子需要什么呢？"你要毫无伪装，毫不作假的，非常真诚地面对心中的孩子。问一问他：我们要的是什么？我们是不是真能倾听孩子心中的声音？如果我们是非常真诚的，而且充满了爱心，也认真在听的话，那么，当我们听到孩子所说的话，我们就不会立刻反弹回去，以大人的身份，来教训孩子。唯有站在真诚、平等的状态下，才能真正体会到孩子的心声。否则我们只是在表现自以为是的大人，认为自己比小孩了不起，比孩子资格老，可以管教他们，教训他们。

第六节　无法与孩子进行情感交流

在耶路撒冷一所大学的家庭教育会上，一位叫彼拉夫克的父亲说："我每天都要花一个小时的时间陪孩子做功课。这不仅让孩子在做功课时有不懂的地方可以及时得到帮助，同时也可以增进父子感情。同时还能陪养孩子专注的能力。"

许多的中国父母总是认为孩子最为喜欢的是玩具，其实，孩子真正喜欢的是父母每天能和他们交流、沟通。

许多犹太教育学家们认为，孩子需要父母的关心、接纳和倾听，更为重要的是希望与父母进行感情上的交流。因此，父母应找出一些时间与孩子待在一起，这是交流的最好方式。

利用饭后散步的这一段时间来与孩子进行沟通或回答孩子的一些问题是再好不过的，这个时候，孩子的接受能力特别强，因此这段时间可以说是教育孩子的黄金时间。

俗话说：子女好与坏，在于沟通和关怀。家长要学会与孩子沟通的艺术。没有两代人之间正常的心理沟通，就没有有成效的家庭教育。

对于孩子来说，更需要亲热的情感和父母的温暖。特别是年龄较小的孩子强烈需要和父母进行亲密的接触。因为，孩子除了满足自己的感情需要外，还需要从和父母的接触中获得安全感。相反，如果孩子不能通过亲子情感交流满足情感的需要，那么对它的健康心理的形成将产生消极的影响。因此，父母应尽量挤时间与孩子进行情感交流，如交谈、回答问题、共同游戏等，从而使孩子的感情需要得到满足。

孩子的性格各有不同，这就需要父母根据孩子的特点选择适当的谈话方法。一般来说有两种方法：

1．直叙法，父母直接向孩子表明自己的态度，其特点是快捷但只适合于性格比较外向的孩子。

2．间接法，即向孩子讲一个小故事或引用一个事例等引起孩子谈话的兴趣然后顺势引导到谈话的主题上来。

如何寻找适合的谈话时机呢？孩子自身和周围环境里随时都可能发生一些事情，如果抓住典型事件及时交流思想其效果要比平时容易听得进去。一般来说家长会之后是孩子们最急于和父母谈话的时候，如果能抓住这个机会就可以了解孩子的很多情况。

还需要制造融洽的谈话气氛。通常而言，当孩子试图与你谈论他内心的烦恼时，如下的反应方式，都有可能加速交流障碍的形成。

用命令、指示或指挥的语气，告诉孩子该去做什么事情，给他下命令：

"我不管别的父母如何做，你必须给我……"

用警告、责备或威胁的语气，告诉孩子如果他做了某件事情会产生什么样的后果：

"如果你知道好歹的话……"

用说教、教化或规劝的语气，告诉孩子他应该如何做：

"你应当……"

以提出忠告、方法或建议的方式，告诉孩子该怎样解决问题：

"为什么不用另一种方法来替代呢……"

用评判、批评、否定或指责的语气，对孩子进行负面的评判：

"你那样做太不应该了……"

以漫骂、嘲笑或羞辱的方式，使孩子感到自己犯傻，把孩子归入另类，羞辱他：

"你的行为像一个不懂事的孩子……"

以上的这些方式都是需要父母尽力避免的。父母应该做的是要表现出对子女的爱心，使孩子乐于接受谈话，避免使孩子处于防御戒备心态。"我们来谈谈吧。"这样孩子会想"又来给我上政治课了。"或者说"你真是个糊涂虫"、"看我怎么来教育你"。这样孩子只能层层设防了。

参考文献

[01] 梁秋丽. 犹太人的家教圣经 [M]. 北京：中国纺织出版社，2012.

[02] 盛乐. 向犹太人借智慧 [M]. 武汉：华中科技大学出版社，2011.

[03] 沧海明月. 犹太人智慧大全集 [M]. 北京：中国华侨出版社，2011.

[04] 宿春礼. 犹太人教子枕边书大全集 [M]. 北京：中国华侨出版社，2010.

[05] 周建武. 塔木德——最伟大的犹太致富圣经 [M]. 深圳：海天出版社，2006.

[06] 湘勇. 犹太人经商成功商法 [M]. 北京：中国纺织出版社，2009.

[07] 柯友辉. 生存智慧：像犹太人一样思考 [M]. 哈尔滨：哈尔滨出版社，2012.

[08] 吕叔春. 塔木德密码：犹太人的传世智慧 [M]. 北京：金城出版社，2011.

[09] 高在鹤（著）黄丽柏（译）. 跟犹太父母学最伟大的塔木德教育 [M]. 长春：吉林摄影出版社，2012.

[10] 温迪·莫格尔. 放下孩子：犹太人的家教制胜之道 [M]. 南宁：广西科学技术出版社，2010.

[11] 程灵锟. 饭桌上的经济学 [M]. 北京：团结出版社，2010.

[12] 朱新月. 犹太人笔记本里的101个赚钱秘密 [M]. 北京：北京理工大学出版社，2011.

[13] ［美］尼尔顿·邦德（著）. 晴天（译）. 犹太人思考术 [M]. 天津：天津教育出版社，2012.

[14] 卡尔·威特（著），鲁曼俐（译）. 卡尔·威特的教育 [M]. 哈尔滨：黑龙江科学技术出版社，2010.

[15] 崔华芳. 做最成功的父母 [M]. 北京：水利水电出版社，2006.

[16] 凹凸. 揭开犹太人成功的秘密：犹太人想的和你不一样 [M]. 北京：印刷工业出版社，2011.

[17] 亚伯拉. 犹太人之谜 [M]. 北京：中央编译出版社，2006.

[18] 洛克菲勒（Rockefelle J. D.）（著），宿奕铭（译）. 洛克菲勒留给儿子的38封信 [M]. 北京：中国华侨出版社，2013.

[19] 章晓明. 母亲 [M]. 北京：北京广播学院出版社，2004.

[20] 李平. 犹太人家教 [M]. 北京：中国商业出版社，2009.

[21] 王金战. 培养最具竞争力的中学生 [M]. 北京：北京大学出版社，2011.

[22] 曹给非. 货币战争3：左手犹太人，右手温州人 [M]. 上海：文汇出版社，2010.

[23] 卓尔. 像犹太人一样思考 [M]. 北京：中国纺织出版社，2007.

[24] 郑小兰. 犹太人给子女的8种福分 [M]. 北京：中国青年出版社，2009.

[25] 唐坚. 改变思路，改变出路 [M]. 北京：石油工业出版社，2007.

[26] 赵凡禹. 犹太人智慧大全集 [M]. 北京：企业管理出版社，2010.

[27] 张剑萍. 穷养富养不如用爱养 [M]. 北京：东方出版社，2010.

[28] 查一路. 释然 [M]. 沈阳：辽宁教育出版社，2009.

[29] ［美］芭芭拉·帕特森（Barbara Patterson），帕梅拉·布莱德（Pamela Bradley）（著）孙丽业，郝志慧（译）. 我从彩虹那边来 [M]. 天津：天津教育出版社，2011.

[30] 金舒, 夏阿江. 孩子成长中的56个怎么办 [M]. 北京: 朝华出版社, 2007.

[31] B. A. 苏霍姆林斯基 (著) 杜殿坤 (译). 20世纪苏联教育经典译丛: 给教师的建议 (修订版) [M]. 北京: 教育科学出版社, 1984.

[32] [日] 手岛佑郎 (著), 姜乃朋等 (译). 犹太人为什么优秀 [M]. 北京: 中央编译出版社, 2004.

[33] 东篱子. 犹太人生存智慧全集 [M]. 北京: 中国华侨出版社, 2010.

[34] 陈冠任. 犹太人的智慧 [M]. 呼和浩特: 内蒙古人民出版社, 2002.

[35] 盛乐. 向犹太人借智慧 [M]. 武汉: 华中科技大学出版社, 2011.

[36] 郑承运. 犹太人的财富智慧 [M]. 北京: 电子工业出版社, 2012.

[37] 秦人. 犹太人的财富与智慧 [M]. 北京: 中国致公出版社, 2009.

[38] 金堂. 天下通道: 成就犹太人纵横天下的大智慧 [M]. 北京: 石油工业出版社, 2006.

[39] 贾振明. 犹太人的智慧全集 [M]. 呼和浩特: 远方出版社, 2009.

[40] 丁满. 犹太人的人生成功智慧全书 [M]. 北京: 地震出版社, 2011.

[41] 潇湘子. 犹太人财富与人生犹太人做人经商智慧 [M]. 北京: 中国华侨出版社, 2009.

[42] 赵宏林. 像犹太人一样教育孩子 [M]. 哈尔滨: 哈尔滨出版社, 2013.

[43] 憨氏. 犹太人智慧枕边书 [M]. 呼和浩特: 内蒙古文化出版社, 2005.

[44] [美] 塔尔莱特·赤里姆 (著), (译) 邹文豪. 塔木德: 犹太人的经商智慧与处事圣经 [M]. 北京: 中国画报出版社, 2009.

[45] 逸凡. 塔木德: 犹太人的处世艺术与经商智慧 [M]. 北京: 立信会计出版社, 2012.

[46] 鸿儒文轩. 犹太人教子圣经 [M]. 呼和浩特: 内蒙古文化出版社, 2012.

[47] 黄志坚. 抓住孩子成长的黄金10年 [M]. 南京: 江苏文艺出版社, 2011.

[48] 唐辛子. 唐辛子IN日本: 有关教育、饮食和男女 [M]. 上海: 复旦大学出版社, 2010.

[49] 弥赛亚. 犹太商人 (羊皮卷) [M]. 西安: 陕西师范大学出版社, 2010.

[50] 郭海运、毛长德、赵建华. 别让孩子出问题 [M]. 北京: 中国妇女出版社, 2008.

[51] 程德胜. 像总裁一样思考 [M]. 北京: 清华大学出版, 2009.

[52] 王珺之. 李开复给年轻人的11个忠告 [M]. 北京: 印刷工业出版社, 2012.

[53] 尹建莉. 好妈妈胜过好老师 [M]. 北京: 作家出版社, 2009.

后 记

　　这本犹太人教子方法的图书终于和大家见面了，希望能带给读者不一样的家教体会。

　　从接到出版社的约稿开始，到现在最终完稿，由于中间有很多工作的穿插和其他活动的安排，经常是争分夺秒，挑灯夜战地写作。我力求用平实、真诚的语言来描述，力求用无华的文字、深入的分析，为大家提供切实的帮助。

　　在本书写作过程中，笔者查阅、参考了大量的文献资料，部分精彩文章未能正确注明来源，希望相关版权拥有者见到本声明后及时与我们联系，我们都将按相关规定支付稿酬。在此，深深表示歉意与感谢。

　　本书在写作过程中的资料搜集、查阅、检索得到了我的同事、助理和朋友们的帮助，在此对他们表示感谢，他们是陈校莹、范其月、赵锋全、郭世海、吴海燕、倪俊云、李国桐、黄宁等，感谢他们的无私付出与精益求精的精神。